DAS BUCH

Sie ist jung, gut gelaunt und Lehrerin an einer Berliner Sekundarschule. In Russland aufgewachsen, hat sie als Jugendliche in Deutschland eine neue Heimat gefunden und diskutiert heute mit ihren Schülern geduldig und humorvoll über das Nachsitzen, die Liebe, Heimat, das Osmanische Reich – eigentlich über alles, was ihre Schüler täglich bewegt. Vom Schulalltag mit einer quirlig-sympathischen Klasse, von ihrer Kindheit im antisemitischen Russland und ihrer strebsamen Jugend in Deutschland erzählt sie mit viel Enthusiasmus, Liebe und Witz.

DIE AUTORIN

Lea Feynberg, 1980 geboren in Moskau, Russland, wanderte mit zehn Jahren nach Deutschland ein, studierte Pädagogik, Geschichte und Politik in Heidelberg und lebt heute in Berlin. Sie unterrichtet an einer Sekundarschule und schreibt über ihren Berufsalltag.

31.07.2014

Zur Erinnerung an
22 gemeinsame Jahre
Danke für Ihre verlässliche
und freundschaftliche
Unterstützung.
Herzlichst [illegible]

KiWi
1350

Lea Feynberg

Ich werd sowieso Rapper

Erfahrungen einer gut gelaunten Lehrerin

Kiepenheuer & Witsch

MIX
Papier aus verantwortungsvollen Quellen
FSC® C083411
FSC
www.fsc.org

Verlag Kiepenheuer & Witsch, FSC® N001512

1. Auflage 2013

Umschlaggestaltung: Barbara Thoben, Köln
Umschlagmotiv: © Leo Leowald, Köln
Gesetzt aus der Galliard
Satz: Buch-Werkstatt GmbH, Bad Aibling
Druck und Bindearbeiten: CPI books GmbH, Leck
ISBN 978-3-462-04585-7

Маме и папе.
Любимым и неповторимым.

Juni bis August

»Dein Leben will ich haben«

Frühstück, Zeugnisse, aufmuntern, gratulieren, trösten und aufräumen – erledigt. Anstrengend, witzig, traurig, emotional, aufregend, spannend und schön. So waren sie, die beiden vergangenen Tage. So war es, das vergangene Jahr, das ganze Schuljahr. Nun sind Sommerferien! Ich könnte schwören, dass die Sonne heute viel kräftiger scheint und die Menschen viel besser drauf sind als gestern. Hach, hört sich das Wort schön an: *Ferien*. Herrlich! Ich fühle mich plötzlich um Jahre jünger. Man wartet, flucht, kriegt ein paar Zusammenbrüche, wartet noch eine Weile und dann auf einmal sind sie da: sechs Wochen. Ohne Zamir, Fatih, Betül, ihre Eltern und alle anderen, die den Alltag aufregend machen. Ohne Wallah, Cüslan und Schwören auf Mutterkoranundmeinleben. Sogar der Stress der beiden vergangenen Tage ist verflogen, die Müdigkeit ist plötzlich auch weg. So einfach kann es sein. Woohoo. Jetzt heißt es ausschlafen, nicht auf die Uhr gucken, sich zivilisiert und ruhig unterhalten, Urlaub machen und vor allem, nicht an die Schule denken. Möge mein Vorhaben gelingen.

Gleich am ersten Ferientag bekomme ich eine SMS von Betül: »Frau Feynberg, haben Sie Umut gesagt, der soll nicht neben mich sitzen, weil ich dumm bin und so? Is schlecht für dem Umut?« Eigentlich habe ich zu Umut nur gesagt, dass er und Betül zu viel quatschen und lieber nicht nebeneinandersitzen sollten. So schnell entstehen also Gerüchte.

Zwei Wochen später bekomme ich eine SMS von Umut, in der er mir weiterhin schöne Ferien wünscht, eine Palme ist in die Nachricht eingefügt. Umut verbringt jeden Sommer in der Türkei und besucht seine Familie. Nach diesen sechs Wochen kann er nicht aufhören, Deutschland zu loben und zu betonen, wie schön es für ihn ist, in einer Großstadt zu leben. Die SMS ist wirklich sehr lieb.

Gülcan will, dass ich ihr ein paar Fotos von unserem Frühstück schicke. Jannes lädt mich bei Facebook zu einer Party ein: »Bock auf Party, Frau Feynberg?« Und Ambros aus der ehemaligen zehnten Klasse schickt mir auch eine Einladung. Zu seinem 17. Geburtstag. Süß. Jannes werde ich am Anfang des Schuljahres den Kopf waschen, Ambros kann ich nichts mehr sagen.

Und dann kommen Fragen zum Praktikum. Macht ja nichts, dass es erst im Februar nächsten Jahres beginnt. Da kann man schon im Juli nachfragen.

»Wo soll ich Praktikum machen?«

»Fängt schon Montag an?«

Das Praktikum sorgt bereits seit der siebten Klasse für Aufregung. Erst recht am Ende der achten Klasse, wenn es doch im nächsten Schuljahr so weit sein soll. Deswegen habe ich mehrmals vor den Ferien erklärt, wann es losgeht und was man dann mitbringen soll. Aber ich habe anscheinend nicht alle Ungereimtheiten beseitigt.

»Muss ich echt sechs Stunden am Tag bei Praktikum sein? Reicht nicht drei? Und wenn ich nicht komme und einfach zu Hause chille? Sie bekommen das nie raus!«

»Kann ich bei Dönerbude von mein Onkel seinem Cousin Praktikum machen? Krieg ich Geld da?«

»Ich brauch Zettel, dem alle gekriegt haben, ich schwör, ich hab dem nicht bekommen!«

»Ich hab schon Praktikum, krieg ich gute Note?«

Meinen Job als Lehrerin an einer Berliner Sekundarschule kann ich sowieso nicht ausblenden. Ständig werde ich gefragt, weshalb wir so lange Ferien haben. Es ist recht einfach, wenn man sagen kann: »Ich bin Ärztin und trage viel Verantwortung. Ich muss mich echt ausruhen.« Oder: »Ich arbeite im Büro und komme jeden Tag nicht vor acht raus. Ich habe meinen Urlaub wirklich verdient.« Oder: »Ich bin Tischlerin und muss richtig hart schuften. Mein Körper braucht jetzt richtig Erholung.« Dafür hat jeder Verständnis. In meinem Fall läuft es anders.

»Sechs Wochen Ferien hast du? Was soll ich da mit meinen 28 Tagen sagen?«

»Wie, wenn du aus dem Urlaub zurückkommst, hast du noch vier Wochen frei? Ich hasse dich!«

»Arbeitet ihr auch mal?«

»Also für diese geringe Arbeitszeit müsste eigentlich jeder Lehrer immer perfekten Unterricht vorbereiten! Der Unterricht bei mir in der Schule war scheiße.«

»Die ganzen sechs Wochen kriegt ihr bezahlt? Und für den Vormittagsjob gibt's auch so viel Geld?«

»Sieben Wochen später habt ihr wieder Ferien? Dein Leben will ich haben!«

Wenn ich resolut und vielleicht etwas genervt dagegenhalte, höre ich: »Du redest ja schon wie deine Schüler!« Die Kiddies und ihre Sprüche färben eindeutig ab. Zum Glück, denn ohne ihre kreativen und weisen Einfälle wäre mein Beruf nur halb so aufregend.

Hereinspaziert in meine Welt

»Mum, alles klar?«

»Ja, ja, ich rufe nur so an. Wie geht's?« Meine Mutter meldet sich fast täglich bei meinem Bruder und mir. Neuerdings auch über Skype und Facebook. Die moderne Mami. Vor ein paar Jahren hieß es noch: »Ich warte hier im Auto vor der Schule deines Bruders und er geht nicht ans Handy. Kannst du ihm bitte eine SMS schicken, dass er runterkommen soll?«

»Kannst *du* ihm keine SMS schicken?«

Als wäre dieses komische Nachrichtenverschicken die neueste Erkenntnis der Wissenschaft, fragte meine Mutter: »Was muss ich denn dafür drücken?«

Mein Bruder und ich wohnen in Berlin, unsere Eltern aber in Frankfurt am Main. Das ist zwar nicht Australien, allerdings auch nicht gerade um die Ecke. Da ist nichts mit »Ich-komm-mal-kurz-vorbei-und-schaue-ob-du-nicht-verhungert-bist«. Um zu überprüfen, ob wir noch leben, eine neue Liebe gefunden haben, jobtechnisch alles gut ist, ob das Geld reicht und ob mein Bruder auch fleißig studiert, telefonieren wir regelmäßig. Auch wenn Papa anruft, bleiben wir von der elterlichen Neugier nicht verschont, obwohl er sich für andere Dinge interessiert als Mama. Es wird über den Lautsprecher des Telefons kommuniziert oder beide quetschen sich vor die Skype-Kamera. Sonst könnte man ja ein wichtiges Detail aus dem Leben der Kinder verpassen.

Dieses Mal ruft meine Mutter aus dem Auto über die Freisprechanlage an. Kann ich sehr gut nachvollziehen. Wann sonst hat man Zeit zu telefonieren, wenn nicht beim Autofahren?

»Dein Bruder muss sich ja demnächst für eine Doktorandenstelle bewerben. Hat er das schon gemacht? Oder klappt es an seiner jetzigen Uni? Hat er schon eine Antwort von seinem Professor erhalten? Hast du mehr Informationen als ich? Nicht, dass er faulenzt und nichts tut. Schreibt er auch seine Masterarbeit? Oder geht er nur in die Disco? Und er hat ja so stark abgenommen in letzter Zeit, isst er auch genug? Ist er sonst gesund? Wenn er krank sein sollte, musst du ihm eine Hühnerbrühe kochen.«

Das sind zu viele Fragen und Aspekte auf einmal. Okay, ich bin die große Schwester. Ich weiß auch einiges über meinen kleinen Bruder. Und ja, wir leben in einer Stadt. Dennoch kann er über sein Leben selbst sicherlich mehr erzählen als ich.

»Ähm, keine Ahnung! Frag ihn doch selbst!«

»Ja, ja, mache ich. Ich will ihn ja nicht unbedingt stören, er soll endlich seine Masterarbeit beenden.«

»Mama, er ist 24 und schon fast mit dem Studium fertig. Ich würde sagen, er liegt ziemlich gut in der Zeit.«

»Ich habe übrigens sein Abizeugnis rausgesucht. Er braucht es bestimmt für die Bewerbung um die Doktorandenstelle.«

Mein Bruder war in der Schule ein Streber und ist es eigentlich bis heute. Kein klassischer Streber. Er war einfach immer richtig gut. Kurz mal den Zellenaufbau angucken, den Eltern erzählen, dass er den ganzen Tag gelernt hat, mit den Jungs um die Häuser ziehen und am nächsten Tag in der Klausur mindestens zwölf Punkte schreiben. Weil es »ultraleicht« war.

Im Gegensatz zu ihm musste ich immer lernen. Selbst das war keine Garantie für eine gute Note, hat sich aber ausgezahlt. Wir können eigentlich nicht dieselben Eltern haben, so verschieden, wie wir sind. Zumindest was das betrifft, sind wir uns einig.

Aber wir haben beide Ziele und leben nach den Werten, die uns im Kindes- und Jugendalter vermittelt wurden. Mein Vater erzählt fast jedem Menschen, den er trifft, stolz und über das ganze Gesicht strahlend, dass ich Lehrerin geworden bin und mein Bruder etwas ziemlich Kompliziertes studiert: molekulare Biotechnologie.

»Hallo? Bist du noch dran?«

»Ja, Mama, das Zeugnis?«

»Ich habe mir sein Zeugnis angeguckt. Die Noten in der Oberstufe waren so schlecht! Das ist die reinste Katastrophe!«

»Mama! Seine Noten waren *super!* Wenn ich dich erinnern darf, betrug sein Abischnitt 1,7! Kein Grund zum Meckern!«

»Also, ich weiß beim besten Willen nicht, wie diese 1,7 zustande kam. Vielleicht haben die sich verzählt?«

»Ja, genau Mama, bestimmt haben sich seine Lehrer verzählt und eigentlich hatte er einen Durchschnitt von 3,9! Die fanden deinen Sohn bloß so toll, dass sie seine Noten einfach aufgewertet haben!«

»Dass du alles ins Lächerliche ziehen musst! Zum Beispiel Englisch: Da hatte er in der zwölften Klasse nur zehn Punkte! Was für eine miserable Leistung! Ich hatte in Englisch immer eine Fünf!«

Eine Fünf ist in Russland die Bestnote und entspricht unserer Eins.

»Ja, ja, ich weiß, dass du sowohl die Schule als auch die Uni mit Auszeichnung beendet hast. Aber Mama, zehn Punkte sind eine Zwei minus! Und das ist nun wirklich keine schlechte Note!«

»Ja, das weiß ich doch!«

»Und wo liegt das Problem?«

»Du fragst noch, wo das Problem liegt? Er hätte auch 13, 14 oder 15 Punkte bekommen können!«

»Oder 15+!«

Die Ironie ist nicht angekommen. Für Mama gibt es bei Leistungen nach oben keine Grenzen: »Oder 15+«, antwortet sie und wirkt das erste Mal seit Beginn des Gesprächs befriedigt.

Für so viel Geduld und Ausdauer im Nachhaken und Fragenstellen würde ich sofort die beste Note vergeben.

»Ohne Sinn, Sie mobben mich«

Der Auftrag der Eltern heißt »Erziehen und Bilden«. Der Auftrag der Schule heißt »Bilden und Erziehen«. Das ist ein Riesenunterschied. Wenn ich schätzen müsste, würde ich allerdings sagen, siebzig Prozent meiner Zeit drehen sich um Erziehung und nur dreißig Prozent um Bildung. Wenn es hochkommt. Bevor man erklären kann, was die Gründe für den Ersten Weltkrieg waren, was eine Synapse ist oder wie Flächen berechnet werden, müssen die Schüler verstehen, dass es Regeln und Pflichten gibt, dass Höflichkeit nie verkehrt sein kann und dass nicht jeder Mensch auf der Straße auf Ärger aus ist. Sie müssen lernen, mit Enttäuschungen umzugehen und sich trotz schlechter Perspektiven anzustrengen. Ich muss versuchen, etwas Licht in die Dunkelheit zu bringen. Wenigstens ansatzweise.

Es ist Freitag. Das neue Schuljahr ist erst eine Woche jung und ich sehne mich nach dem Wochenende.

Zehn Minuten nach dem ersten Läuten klopft es an der Tür. Nein, es hämmert. So laut, dass wir alle zusammenzucken, ich an ein Erdbeben denke und sich bereits Evakuierungsszenen in meinem Kopf abspielen. Ich renne zur Tür und reiße sie auf. Nafisa steht vor mir. Mit knallrotem Kopf.

»Sag mal, hast du nicht gelernt, etwas menschlicher zu klopfen?«

»Hä?«, Nafisa versteht überhaupt nicht, was ich von ihr will. »Sie haben doch gesagt, man soll klopfen, wenn man zu spät ist.«

»Genau, ich sagte ›klopfen‹ und nicht ›die Tür eintreten‹!«

»Aber sonst hören Sie doch nix! Und ich bin gerannt!«

»Das üben wir noch mal. Warum bist du zu spät?«

»Tut mir voll leid. Musste was machen.«

Insgeheim habe ich fast Verständnis für Nafisas Verschlafen. Ihre Mutter arbeitet im Schichtdienst. Der Vater ist abgehauen, nachdem er festgestellt hat, dass Deutschland doch nicht sein Ding ist. Die Sprache, die Menschen, fehlende Arbeit. Nafisas Mutter zieht also zwei Kinder allein groß. Allerdings ist sie nicht ganz alleinerziehend, denn Nafisa kümmert sich aufopferungsvoll um ihre kleine Schwester. Ihre Mutter sieht Nafisa nur selten. Wenn sie wach wird, schläft die Mutter noch. Wenn sie nach der Schule nach Hause kommt, ist ihre Mutter schon zur Arbeit gegangen und kommt erst spät in der Nacht wieder. Sie kommunizieren durch Zettel, die sie einander auf dem Küchentisch hinterlassen. Nafisa bringt ihre Schwester in die Schule und holt sie wieder ab. Sie kocht, wäscht und putzt. Zum gemeinsamen Klassenfrühstück bringt Nafisa immer die leckersten Sachen mit und nimmt gerne die Bestellungen ihrer Mitschüler entgegen. Sie hat keine Freizeit. Aber sie beschwert sich nicht.

Ich muss mich aber leider beschweren, muss sie wie die anderen behandeln. Auch sie muss pünktlich sein. Ihre Mutter anzurufen, bringt nicht viel. Beim letzten Anruf musste ich mir anhören:

»Hallo, Frau Feynberg, wie geht's dir? Danke, dass du anrufst. Sie hat nicht verschlafen, sie war wach und wollte nicht aufstehen. Ich rede mit ihr, aber rede du auch!«

Eigentlich müsste ich mir die Mutter vornehmen. Zusammen mit dem Jugendamt.

»Ihre Tochter ist ein Kind und sie braucht die Zeit zum Lernen und nicht für den Haushalt!«

Na ja, ich kann gut reden, ich stecke da nicht drin. Leider muss ich aber durchgreifen: »Herzlichen Glückwunsch, du hast am Mittwoch in der achten Stunde Nachsitzen gewonnen.«

»Hä?«

»Du musst nachsitzen, weil du heute zu spät gekommen bist.«

»Was? Aber ich war doch gestern pünktlich!«

»Aber *heute* nicht! Und vergangene Woche auch nicht!«

»Ich komm nicht.«

»Wer eine Stunde verpasst, muss sie nachholen. Gerechtigkeit und so.«

»Mies unfair, die anderen waren auch unpünktlich.«

»Die anderen werden dir Gesellschaft leisten.«

»Oh. – Ohne Sinn, Sie mobben mich.«

Doppelstunden sind gut, da hat man Zeit. Zeit zu klären, wer warum zu spät gekommen ist. Aber erst, nachdem man alle Schüler in die Unterrichtsausgangslage gebracht hat: Jacke aus, Kaugummi raus, Materialien auf den Tisch, Essen und Trinken vom Tisch.

Wer warum zu spät ist, ist eigentlich egal. Zu spät ist zu spät. Aber wer weiß, vielleicht sind jemandem Außerirdische begegnet oder die Königin von England.

Kurz nach Beginn der dritten Stunde öffnet Max die Tür.

»Max! Hat dein Wecker den Geist aufgegeben?«

»Ähm, nein. Mein Vogel war's.«

Er guckt zu Boden. Immerhin, da scheint sich was zu rühren.

»Dein Vogel war was?«

»Ich hab echt den Wecker gestellt. Aber in der Nacht ist

mein Wellensittich wohl an den Wecker gekommen. Ich glaube, der hat den irgendwie ausgemacht. Also habe ich den nicht gehört. Ist so.«

Zur vierten Stunde spaziert Emre durch die Tür in die Klasse, langsam wie eine Schildkröte. Ich bin froh, dass er nicht durch das Fenster kommt, das hatten wir auch schon. Wie selbstverständlich. Dagegen ist Nafisas Verspätung nicht mal der Rede wert.

»Emre, möchtest du mir vielleicht etwas sagen? ›Entschuldigung‹ zum Beispiel und der Grund für deine Verspätung wären nett.«

»Aaaller, wieso fahren Sie mich so an? Was kann ich dafür, wegen diese Scheißenzeitenumstellung? Was los mit dem, Ihr Leben?«

Er rollt mit den Augen und sieht sehr genervt aus.

»Falls du mein Leben meinst, mit meinem Leben ist alles *bestens.* Und was für eine Zeit? Die Ausrede mit der Zeit hattest du schon gestern. Was soll ich daraus schließen? Die Sommerzeit gilt bereits seit März und bei dir zu Hause sind die Uhren immer noch nicht umgestellt?«

»Haben Sie gerade alle bei uns zu Hause beleidigt?«

Emre fährt fort und zwar in einem Ton, als wäre ich diejenige, die hier ein Verbrechen begangen hat.

»Und was Ausrede? Ausrede, Ausrede ... Ist keine! Wenn meine Mudda mir nix sagt, wegen diese Scheißenzeit, dann ist doch hier keine Ausrede?«

»Der Rest der Klasse hat die Zeitumstellung komischerweise mitbekommen. Und zwar schon im März! Ich habe es auch geschafft, pünktlich zu sein!«

»Ja ... bei Sie ... ist ja auch was anderes ... Und immer krieg ich Ärger, nur weil ich Ausländer bin? Haben Sie was gegen die?«

Ich schaue Emre verwundert an, er hält kurz inne.

»Geht ja nicht, oder? Sind ja selber nicht von hier.«

Emre, Max und Nafisa sind nicht die einzigen Zuspätkommer. Die anderen musste ich in der ersten Woche auch schon zur Rede stellen.

»Jannes, warum warst du heute zu spät?«

»U-Bahn.«

»Was ist mit dir, Umut?«

»Auch U-Bahn. Wirklich.«

Am liebsten würde ich fragen: »Was U-Bahn?« Aber das geht nicht. Ich muss mich richtig artikulieren, schließlich verfüge ich über eine Vorbildfunktion. Ach, ich gehe einfach gar nicht darauf ein. Zu spät, zu früh, zu voll, ausgefallen, kaputt – irgendwas wird es schon gewesen sein.

»Mensch, Leute, ich bin heute auch mit der U-Bahn in die Schule gekommen und ich war pünktlich!«

»Ja … Sie … ist ja was anderes.«

»Wieso ist es denn was anderes? Eine private U-Bahn besitze ich noch nicht!«

Dieses Jahr wird es ernst, die Schüler müssen ihr Praktikum absolvieren. Wenn sie mehrere Male zu spät zur Arbeit erscheinen, sind sie draußen. Die heutige Situation schreit nach Konsequenzen.

»Jetzt müssen wir uns mal beraten. Ich möchte auch eure Meinungen hören und berücksichtigen. Was machen wir nun mit denen, die heute zu spät kamen?«

»Sie sollen nachsitzen.«

»Lassen Sie sie drei Wochen Ordnungsdienst machen!«

»Schläge?«

»Leute, ich brauche ernsthafte Vorschläge! Wie wär's denn, wenn jeder, der etwas verbrochen hat, in die Klassenkasse einzahlt?«

Jannes ist strikt dagegen, auch Gülcan wehrt sich.

»Frau Feynberg, auf keinsten! Was'n daran schlimm, mal zu spät kommen? Ist doch voll menschlich. Sind Sie noch nie zu spät gekommen? Und dann gleich wie im Gefängnis, Strafe!«

»Nein, ich bin noch nie zur Arbeit zu spät gekommen. Und die Schule ist eure Arbeit! Wenn man gegen die Straßenverkehrsordnung verstößt, muss man auch zahlen. Das wenden wir jetzt auf die Schulordnung an und können so unsere Klassenkasse aufbessern.«

»Cüüüs, Frau Feynberg! Ihr Ernst? Ich muss sparen, ich brauch Geld für Sommersale. Ich muss so krass neue Schuhe kaufen!«

»Gülcan, das ist doch ganz einfach! Wenn du immer pünktlich bist, dann musst du auch nicht zahlen.«

»Cüüüs, immer pünktlich? Was das?«

»Mal zu spät kommen, kann passieren, aber wir hatten diese Woche gleich mehrere Verspätungen! In der ersten Woche, wohlgemerkt. Es muss Konsequenzen geben. Im wahren Leben gibt es die auch. Im Berufsleben wird keiner weggucken, sondern euch feuern!«

»Jaaa … Berufsleben ist ja auch was anderes.«

»Nein, das ist nichts anderes! Es geht um eure Einstellung. Wenn sie jetzt nicht geändert wird, dann passiert das nie.«

Nafisa holt bereits ihr Portemonnaie raus: »Was soll ich zahlen? Soll ich Ihnen einen Euro geben?«

»Aller Mädchen, bist du behindert? Wieso zahlst du gleich? Deine Mutter hat bestimmt voll lange gearbeitet für den Euro. Schämst du dich nicht? Mach doch lieber Ordnungsdienst zwei Wochen!«

»Mirko, wir haben uns doch gar nicht auf Ordnungsdienst geeinigt!«

Nafisa fährt fort: »Ich mach doch keinen Ordnungsdienst!

Ich lass mich doch nicht knechten! Ich muss schon zu Hause so übertrieben viel putzen! Hier, ich geb Ihnen einen Euro, kaufen Sie davon eine Putzbrigade! Ich kann Ihnen eine von meine Land besorgen, die sind billig.«

»Leute, so kommen wir nicht weiter.«

»Was machen Sie überhaupt mit dem Geld, wenn wir was in der Kasse haben?«

Fast glaube ich zu sehen, wie Yunus' Kopf raucht. Er denkt nach.

»Mal schauen, das entscheiden wir dann. Einen schönen Ausflug zum Beispiel ...«

»Ah so, ich dachte, Sie gehen McDonald's essen oder so.«

»Doch nicht McDonald's! Ich schnappe mir die werte Frau Kollegin und dann verreisen wir für ein Wochenende. Möglichst teuer!«

»Maaan, Frau Feynberg, bleiben Sie mal ernst!«

»Bleib du mal ernst!«

Nun wird alle vier Wochen, freitags, gezählt, wer wie viel für den vergangenen Monat zahlen muss. Eine Woche später soll das Geld da sein. Nachsitzen – egal. Tadel – egal. Anruf zu Hause – mir doch egal, ob Sie meine Mutter anrufen. Zahlen für Vergehen – oh nein, bitte nicht. Geld ist das Einzige, was wehtut. Jeder Eintrag ins Klassenbuch kostet 50 Cent, jede Verspätung ebenso. Beim Tadel muss schon ein Euro her.

Das ist auch eine Art, die Klassenkasse zu füllen. Normalerweise zahlen die Eltern einmal oder zweimal im Jahr in die Kasse ein, um Ausflüge oder Materialien zu finanzieren. Das funktioniert oftmals nur durch Hinterherrennen. Viel zu anstrengend.

Der August ist gewinnbringend. Für die Klassenkasse, nicht für die Lehrernerven. 37 Euro strafgesammelt. Beim nächsten Ausflug gibt es eine Kugel Eis für jeden.

Abdul hat Einträge für 4,50 Euro.

»Ey, Frau Feynberg, bitte, darf ich Raten zahlen? Heute ein Euro, Freitag zwei Euro und nächste Woche zwei Euro?«

Abdul sieht wirklich verzweifelt aus.

»Du willst fünf Euro zahlen? Kein Problem, Abdul!«

»Äh, nein. Ich meine nächste Woche 1,50. Ich schwör, ich bin nächsten Monat brav.«

»Nein, entweder zahlst du heute oder sitzt viereinhalb Stunden nach.«

»Ok, hören Sie zu, ich mache Ihnen Vorschlag. Deal. Ich zahle jetzt zwei Euro und mache drei Wochen Ordnungsdienst!«

»Sehe ich aus wie ein Gemüseverkäufer auf dem Markt, mit dem du verhandeln kannst?«

»Ohne Sinn. Ey, bitte, ich krieg erst nächste Woche Taschengeld und ich wollt noch MCs gehen. Ok, jetzt ehrlich letzter Vorschlag. Ich zahl 2,50 Euro und sitze zwei Stunden nach.«

Das lasse ich gelten, so viel Engagement muss belohnt werden.

»Ich schwör, Sie haben's drauf«

Die Stimmung ist an diesem Dienstag irgendwie anders. Viele hängen lustlos in den Stühlen. Als hätten die Schüler eine schlimme Nachricht bekommen, wie, »Die Schulzeit wird um fünf Jahre verlängert«.

»Efkan, was ist denn los?«

»Frau Feynberg, ich faste. Können wir heute Schule ausfallen lassen?«

»Du fastest?«

»Ja, Frau Feynberg. Ramadan, noch halbe Monat.«

»Ah so, Bergfest quasi.«

»Nein, kein Fest, Ramadan – Fastenzeit.«

»Als Bergfest bezeichnet man die vergangene Hälfte einer bestimmten Zeit.«

»Krass. Voll ohne Sinn. Na ja, wir haben halt Ramadan.«

»Stimmt, ja. Aber gestern warst du doch noch ganz munter und ihr fastet jetzt schon eine Weile?«

»Ja, aber gestern war Montag. Nach Wochenende. Noch gechillt. Und jetzt arbeiten? Nee, ey.«

»Leider doch. Auch du musst jetzt einen Stift und Papier auf deinem Tisch haben.«

Efkan verzieht das Gesicht, verdreht die Augen und bewegt sich im Schneckentempo zu seiner Tasche. Ein Sieg für mich. Wenn auch ein ganz kleiner.

Mit Efkan muss man vorsichtig umgehen. Seine Mutter vergöttert ihn. Nach der ungewollten Schwangerschaft mit 17 gab es plötzlich keine Familie mehr, nur noch Efkan und sie. Trotz der Prinzenrolle zu Hause leidet der Junge. Er hätte gerne einen Vater und Großeltern. Deswegen ist er sehr launisch, leider weitaus häufiger schlecht als gut gelaunt. In den schlecht gelaunten Phasen sollte man ihn am besten in Ruhe lassen. Er lässt sich nur selten etwas von mir sagen, denn es gibt nur eine Frau auf dieser Welt, auf die er hört: seine Mutter. Lehrerinnen haben es ganz schwer.

»Wer möchte den ersten Absatz lesen?«

Keiner meldet sich.

»Bitte nicht so viele auf einmal! Can?«

»Nee …«

»Komm Can, es ist nur ein Absatz.«

»Frau Feynberg, ich faste …«

»Leute, das Fasten kann doch nicht die Ausrede für alles sein! Ihr geht nun mal in dieser Zeit zur Schule und da müsst ihr volle Leistung bringen!«

»Wie Sie keine Ahnung haben!«

»Doch, habe ich … Auch ich habe schon mal gefastet. Und ich verstehe, dass es schwer ist, Traditionen mit dem Alltag zu verbinden. Nichtsdestotrotz muss es gehen! Ihr braucht einen Abschluss!«

Auch Önder fastet und muss uns seine Meinung mitteilen: »Frau Feynberg, ich schwöre auf alles, ist übertrieben schwer. Aber ist nur Phase, ist bald zu Ende.«

»Das glaube ich, dass es schwer ist. Dennoch, wir müssen hier weiterkommen.«

Trotz ständiger Fastenverweise können wir den Text doch bis zum Ende bearbeiten. Das Tempo ist viel zu langsam, aber immerhin hat jeder das Buch dabei.

»Frau Feynberg, ich schwör, Sie haben's drauf.«

»Ah ja?«

»Ja, wie Sie uns immer zwingen, Sachen zu machen und wir machen die.«

»Was redest du denn da?«

»Wir wollen ja nicht lesen, schreiben und arbeiten und so. Und dann zwingen Sie uns und wir machen es. Wie machen Sie das?« Gülcan zumindest habe ich heute also beeindruckt.

»So Leute, nachdem ihr nun hart gearbeitet habt, müssen wir uns organisatorischen Dingen widmen. Wir brauchen zwei Klassensprecher und die müssen jetzt gewählt werden.«

»Ist Klassensprecher ein Beruf? Kann man den studieren?«

»Na ja, ein Beruf ist es nicht, aber du trägst eine Menge Verantwortung und hast ganz viele Aufgaben, die du erfüllen musst!«

»Uuuuh, wichtig, ich werde! Dann bin ich doch wichtig?«

Gerade noch hing Abdul halb tot im Stuhl. Jetzt springt er durch die Klasse und ernennt sich schon mal selbst zum Klassensprecher.

»Abdul, wir wählen einen Klassensprecher, es bist also nicht du, der bestimmt, wer es sein wird. Es heißt Klassensprecher*wahl*. Jeder kann wählen, das ist das Prinzip der Demokratie.«

Wir besprechen, welche Eigenschaften der Klassensprecher und sein Stellvertreter haben sollten und welche Aufgaben sie übernehmen müssen. Die Schüler, die sich eben noch zur Wahl stellen wollten, werden immer weniger.

»Ey, wählt mich ma! Ihr kriegt alle McDonald's-Menü mit was ihr wollt drinne und ich werde miesnett sein! Auch zu dir, Isabel.«

Abdul ist rot vor Aufregung und ich muss befürchten, dass er sich heute nicht mehr beruhigen wird.

Önder hat eine bessere Idee, wer das Amt des Klassensprechers ausführen sollte: »Setz dich hin, du Opfer, gar nix wähl ich dich. Ich will werden. Aber Frau Feynberg, ich will irgendwie bestimmen und nix zu tun haben mit Verantwortung und so. Was das, Verantwortung? Welcher Knecht hat die erfunden?«

Önder musste noch nie Verantwortung für etwas übernehmen. Seine Eltern sind superstreng, sie erlauben ihm nichts. Er darf keine Meinung haben, sondern macht nur das, was ihm auferlegt wird. Nach der Schule isst er und geht dann in sein Zimmer, um Hausaufgaben zu machen. Angeblich. In seinem Zimmer macht er wahrscheinlich alles, nur keine Hausaufgaben. Das kontrolliert nämlich keiner mehr. Danach darf Önder rausgehen, aber nur für eine Stunde. Und dann noch eine halbe Stunde Playstation zocken. Ansonsten muss er viel lesen. Das merkt man Önder an, doch vor den Mitschülern kann er das natürlich nicht zugeben. Sonst gälte er als uncool. Mir als Lehrerin bringt die strenge Erziehung bedauerlicherweise nicht so viel, wie man eigentlich erwarten sollte. Denn in der Schule lässt Önder alles raus, was er sonst nicht darf, er hat zwei Gesichter. Eins für seine Eltern, eins für die Lehrer. Deswegen verstehen sie nicht, warum Önders Leistungen immer schlechter werden. Wie kann das sein? Zu Hause sei er doch ganz anders? Ich müsse mich irren …

»In der Grundschule hab ich so eine Tasche von so einem behinderten Mädchen umgeworfen und die Lehrerin war übertrieben sauer, ich dacht, die schlägt mich. Ich schwör auf Koran, ich dacht, die schlägt mich. Ich hätt die so angezeigt, was ne Hässlichkeit!«

»Önder, komm zum Punkt! Ist deine Geschichte aus der Grundschule bald zu Ende?«

»Aller Frau Feynberg, unterbrechen Sie mich mal nicht. Ist unhöflich. Sie wollte, dass ich das aufräume. Und in der Tasche von dieser Behinderten war so ekliges Zeug. Ich schwöre, ich wollt kotzen! Ist die hässlich, meine Lehrerin, denkt die, ich fass das an! Gar nix mach ich.«

»Önder! Es gibt keinen Grund für Beleidigungen! Das wird dich bei deiner Absicht, Klassensprecher zu werden, sicherlich nicht weiterbringen! Deine Geschichte ist wirklich sehr interessant, aber was hat das Ganze mit der Wahl zu tun?«

»Die, also meine Lehrerin, die hat dann unseren Klassensprecher auswendig gemacht.«

»Ausfindig gemacht.«

»Ja meine ich doch, auswendig gemacht. Und der musste mit mir dann reden und so …«

»Ok, Önder, krasse Geschichte. Ich schlage vor, du setzt dich wieder hin und wir fahren mit der Wahl fort.«

Önder setzt sich.

Wir wählen also. Abdul schreit immer wieder, wie schrecklich aufgeregt er sei, Melina entscheidet in letzter Sekunde, dass sie sich auch zur Wahl stellen will. Can fragt fünfmal, wie viele Namen er auf den Zettel schreiben kann und ob er seinen Namen dazuschreiben soll. Yunus erklärt, was er alles als Klassensprecher verändern möchte, Emre rennt durch die Klasse und teilt uns allen mit, wie gerne er gewählt werden würde. Önder erläutert, warum einen Klassensprecher zu haben »ohne Sinn« sei, Mirko diskutiert mit Önder und sagt, dass Klassensprecher »voll mit Sinn« sei. Und ich versuche, die Wahl abzuschließen. Letzten Endes haben wir 30 Zettel mit Namen. Auch ein paar ungültige Zettel, mit Blümchen, zwei Namen und »deine Mutter«. Leider sind heute nur 23 Schüler da. Die Wahl ist manipuliert! Skandal! Ich will aber auf keinen Fall ein zweites Mal wählen. Wirklich auf keinen Fall. Schließlich haben wir heute noch andere Dinge auf dem Programm. Außerdem passt mir das Ergebnis: Umut und Jocelyn sind Klassensprecher geworden und beide sind zuverlässig. Önder beschwert sich lauthals, dass die Wahl ungültig sei und wir noch mal wählen müssten. Auch Abdul ist unzufrieden: »Ich hatte voll die Chancen zu gewinnen. Was habt ihr gemacht, könnt ihr nicht wählen? Voll die ehrenlosen Kinder! Nächstes Mal werde ich so ein King sein, da werdet ihr mich auf Knien bitten, dass ich euch erlaube, mich zu wählen!«

Moskau und ich

Zwei Gerüche liebe ich ganz besonders. Den Geruch von anfahrenden U-Bahnen und den von druckfrischen Büchern; beide erinnern mich an meine Kindheit und an die Stadt, in der ich großgeworden bin. Tagelang konnte ich an den Seiten der Bücher schnuppern, stellte mir vor, den Duft von Wissen und Abenteuern einzuatmen. Den langen Flur unserer Moskauer Wohnung zierten dunkle Regale, die von oben bis unten vollgestopft waren mit literarischen Werken. Ich hatte nicht viele Freunde, nur meine Puppe Alessia, die die Größe eines zwei Monate alten Babys hatte, und ich hatte meine Bücher, die kleinen Schätze des Alltags. Auf dem Weg von der Schule nach Hause habe ich oft in der Buchhandlung vorbeigeschaut, ich brauchte regelmäßig Nachschub.

Die U-Bahn-Stationen meiner Geburtsstadt sind das Erste, woran ich denke, wenn ich ›Moskau‹ höre. 1980 gab es dort zwei bedeutende Ereignisse, die Olympischen Sommerspiele und die Geburt meiner Wenigkeit. Als ich das Licht der Welt erblickte, war Moskau die Hauptstadt der Sowjetunion. Eine wunderschöne Riesenstadt, damals wie heute: Diese pompösen Wahnsinnskunstwerke unter der Erdoberfläche, lange Rolltreppen, die in die tiefen, unterirdischen Paläste mit ihrer prunkvollen Architektur führen. Die Metro – ein glanzvolles Museum. Kronleuchter, Marmor, Mosaik, Gemälde und

Stuck. Das sind Dinge, die man normalerweise wohl kaum mit U-Bahn-Stationen, sondern eher mit Schlössern verbindet. Nach außen sollte in der Sowjetunion alles glänzen – also wurde mit unnötigem Luxus angegeben. Selbst unter der Erde, denn Schönheit, Macht und Ansehen des Landes sollten demonstriert werden. Von Bescheidenheit keine Spur, für Geldzählen bestand kein Bedarf, schließlich lebte man im Sozialismus, in dem sowieso alles dem Kollektiv gehört.

Ein anderes sowjetisches Phänomen waren die ultralangen Schlangen vor den Supermärkten und Drogerien. Viele Dinge gab es einfach nicht. Fast nie und fast nirgendwo. Andere Dinge, wie Brot, konnte man immer und überall kaufen, auch ohne in der Schlange anstehen zu müssen. Exotisches Obst war kaum zu bekommen, Lebensmittel wurden vom Staat verteilt. Natürlich bekam Moskau aufgrund seiner Größe einen bedeutenden Teil dieser wertvollen Schätze ab. Ich wusste also bereits vor unserer Einreise nach Deutschland, wie Bananen und Orangen aussehen. Es soll allerdings auch Menschen gegeben haben, die während der Sowjetzeit nicht von diesen Früchten gehört haben.

Der Lebensmittelmangel war aus dem Alltag der Menschen nicht wegzudenken. Gegenüber von unserem Haus befand sich ein Supermarkt. Der Anblick, der sich uns bot, wenn wir aus dem Wohnzimmerfenster sahen, war meist der Gleiche: lange Schlangen und manchmal sogar Menschen, die mit einem Lächeln den Laden verließen – oftmals mit einer Packung Milch. Wer damit aus dem Supermarkt kam, hatte sich wahrscheinlich bereits frühmorgens eingefunden und sich geduldig in die Schlange eingereiht. Auf Fleisch konnte man nur hoffen, wenn man sich früh genug am Hinterausgang des Ladens einfand. Delikatessen konnte nur derjenige erwerben, der über eine Zugangsberechtigung zu besonderen Lebensmittelgeschäften verfügte oder Beziehungen zu Parteiangehörigen oder hochrangigen Staatsfunktionären pflegte. In Kantinen, in denen die Parteielite verkehrte, durfte es an nichts fehlen. Deshalb gab es dort Produkte, die Normalsterbliche nie zu Gesicht bekamen.

Wir hatten Glück. Meine Oma war in einem Ingenieurbüro für Telekommunikation angestellt, das Arbeiten für Staatsbehörden und Parteifunktionäre verrichtete, es war somit Teil des Systems. Oma musste ständig an Gebäuden rumwerkeln, die sich auf dem Gelände des Kremls befanden. Deshalb war sie häufig in der Nähe der Verteilungsstelle für Luxusgüter und konnte ab und zu etwas davon mit nach Hause bringen.

Eine weitere Besonderheit meines Heimatlandes war das Ausreiseverbot. Ein Besuch in einem anderen kommunistischen Land war schwierig, in einem kapitalistischen Land unmöglich. Jeder, der einen Ausreiseantrag stellte, musste sich zahlreichen Fragen unterziehen, die von einer Kommission linientreuer Parteimitglieder gestellt wurden; Fragen über das politische System der Länder des Warschauer Paktes und über das politische System des Landes, in das man reisen wollte. Aufgrund der Antworten, die die ausreisewillige Person geben konnte, wurde die Entscheidung über eine mögliche Bewilligung oder Ablehnung getroffen. Erst mit Gorbatschow wurde die Ausreiseregelung gelockert.

Meine Familie – wie der größte Teil der sowjetischen Bevölkerung – kannte es also nicht anders. Man wusste nicht, wie man zur selben Zeit in anderen Ländern den Alltag meisterte. Man hinterfragte nichts, man passte sich den Umständen an.

Meine Eltern, mein Bruder und ich teilten uns eine Dreizimmerwohnung mit meinen Großeltern mütterlicherseits. Diese Wohnsituation war ein absoluter Luxus, denn zur Geburt meiner Mutter hatte es in derselben Wohnung ganz anders ausgesehen. In einem dieser drei Zimmer hatten acht Leute geschlafen. Anfangs musste meine Mutter auf dem Tisch schlafen, weil man für sie sonst keinen Platz gefunden hatte. Für ein Baby war das zum Glück kein Problem. Die restlichen Zimmer waren anderweitig belegt; mit Menschen, die meine Familie erst beim Einzug kennengelernt hatte und mit denen sie ab diesem Zeitpunkt den Alltag teilte.

Nachdem mein Bruder und ich geboren wurden, lebten wir aber nur noch zu sechst in drei Zimmern. Wir waren eindeutig privilegiert. Meine Eltern, mein Bruder und ich wohnten im einen und meine Großeltern im zweiten Zimmer. In unserem Zimmer stand eine Schlafcouch für unsere Eltern und ein Hochbett für mich. Mein Bruder war damals noch zu klein für ein eigenes Bett und schlief bei unseren Eltern.

Das dritte Zimmer wurde als Wohnzimmer genutzt. Mein Geburtstag wurde immer dort gefeiert, immer an einem Samstagnachmittag und immer nach dem gleichen Prozedere. Es wurde unheimlich viel Essen aufgetischt, das liebevoll in unserer Küche zubereitet worden war, und ich feierte mit meinen Freunden und ihren Eltern.

Es war eine wahnsinnig große Wohnung im achten Stock eines prächtigen Massivbaus, der zu Stalins Zeiten errichtet worden war. Sie hatte einen Riesenflur mit wunderschönem Parkettboden und hohen Decken, ein modernes Bad und eine großzügige Wohnküche. Ich liebte es, auf die Stellen zu treten, wo der Boden besonders laut quietschte. Dass die Mäuse in der Küche gemütlich durch den Raum spazierten, schien niemanden zu stören. Opa, Papa und ich kontrollierten regelmäßig die Fallen und entfernten die Opfer. Sicherlich war der Müllschlucker in der Küche, mit dessen Hilfe wir unsere Abfälle aus der Wohnung direkt auf das Mülllager verfrachten konnten, für diesen gigantischen Mäuseandrang verantwortlich. Als wir nach Deutschland einwanderten, war es für mich völlig unbegreiflich, dass man Müll gefahrlos in der Wohnung lagern konnte.

Das Haus meiner Kindheit steht bis heute, schön ist es nur von außen. Drinnen roch und riecht es immer noch ekelhaft. Was manche Menschen in der Eingangshalle alles erledigt haben, daran mag ich gar nicht denken. Das Haus befindet sich an einer stark befahrenen Straße, acht Spuren in eine Richtung. In den ersten zehn Jahren meines Lebens kannte ich keine andere Geräuschkulisse als die der vorbeirasenden Autos, Lkw und Oberleitungsbusse. Trotz der beträchtlichen Lautstärke in den ersten zehn Jahren meines Lebens habe ich mich danach schnell an eine ruhige Wohnlage gewöhnt. Absprachen bezüglich meiner Wohnungssuche gestalteten sich später für alle Beteiligten stets beschwerlich.

»Mama, ich möchte diese Wohnung nicht nehmen. Es ist mir viel zu laut!«

»Wie, viel zu laut? Nur weil da mal ein Bus durchfährt? Bist du wählerisch … Ich bin an einer sechzehnspurigen Straße aufgewachsen und habe es auch überlebt! Nimm die Wohnung und mach keine Faxen!«

September

»Knechtet die mich so bei der Hitze ...«

Es ist unglaublich heiß, die Schüler sind k. o., und die Lehrer auch. Walmir ist wegen der »Hurensohn-U-Bahn« zu spät. Önder hat gestern bis tief in die Nacht Bayram gefeiert, das Fest des Fastenbrechens, und beschwert sich heute darüber, dass die Schule so früh beginnen muss. Der Rest jammert über das Wetter und das Leben.

»Aaaaaller Frau Feynberg, ich kann nicht mehr von diese Heiß! Ich sterbe!«

»Trink was, Abdul!«

»Neeein, ich kann dann noch mehr nicht mehr!«

»Ich stehe auch nicht unbedingt auf Hitze. Und nun?«

»Wieso machen Sie so?«

»Wieso mache ich was? Die Hitze?«

»Ja ... nein ... ich meine, wieso knechten Sie uns so, wenn es so heiß ist? Lassen Sie uns doch gehen! Wenn wir gehen, können Sie doch auch gehen! Ist doch mieseste Deal, was gibt auf diese Schule!«

Abdul beschwert sich ständig. Das hat er von seinen Eltern, die diskutieren ebenfalls immer. Warum braucht Abdul so viel Papier, das kostet doch Geld? Warum geht man nicht mit den Schülern ins Schwimmbad, sondern ins Museum? Mittlerweile haben sich Tuncer und Walmir dazugesellt. Alle drei gucken mich mit Hundeblicken an.

»Jungs, ihr wisst doch genau, dass ich genauso hierbleiben muss wie ihr! Wir müssen da alle zusammen durch.«

Tiefe Seufzer sind zu hören.

»Uuuhhh, Zerstörung! Frau Feynberg hat's euch gegeben.«

Nafisa ist über den Korb für die Jungs sichtlich zufrieden. Ich bin geschafft. Hitze und unterirdisch motivierte Schüler, das ist wirklich keine wünschenswerte Kombination. »Walmir, bist du jetzt ausgeschlafen? Fit und gut vorbereitet?«

»Hä?«

»Ob du gut geschlafen hast? Warst ja nicht umsonst zu spät.«

»Geht so, normal eigentlich. Wieso fragen Sie mich so ein Zeug? Um neun Uhr, ey …« Er gähnt und setzt sich auf seinen Platz.

»Du weißt schon, dass du die erste Stunde nacharbeiten musst, ja? Nicht, dass es morgen heißt: ›Ich habe es nicht gewusst‹.«

»Wieso? Knechtet die mich so bei der Hitze …«

»Weil du bei Abwesenheit verpflichtet bist, Sachen nachzuarbeiten!«

»Vor wem bin ich denn verpflichtet? Als ob Sie die Gesetze machen würden! Sind Sie Papst oder Merkel oder was?«

Zum Ende der Stunde hat sich nichts geändert. Die Schüler liegen fast auf ihren Tischen. Alles ausgezogen, was man nur ausziehen kann. Betül und Mandy rennen in sehr kurzen Röckchen und Spaghettiträger-Shirts durch die Gegend. Zamir und Fatih in Muskelshirts. Die gesamten 45 Minuten vergleichen die beiden die Durchmesser ihrer Oberarme.

»Wie haben die das bei Olympische Spiele ausgehalten, ya? 125 Grad im Schatten und die rennen!«

»Ey, Bruda, wie viele Medaillen hat Türkei geholt, bei letzten Olympischen Spielen?« Justin ist heute nicht für sonderlich viel zu begeistern, außer für Themen, die gerade nichts mit dem Unterricht zu tun haben.

»Keine Ahnung man, drei oder so.«

»Krass, ich dachte, Deutsche waren schlecht. Aber ihr wart ja noch schlechter!«

»Wer ›ihr‹? Ich wusste nicht, dass jemand aus der Klasse bei den Olympischen Spielen dabei war.«

»Ja, egal. Hauptsache bei Möbelgeschäft gab es Prozente.«

»Was für Prozente denn?«

»Maaan, Frau Feynbeeerg, die haben für jede Goldmedaille für Deutschland mehr Prozente für Möbel gegeben. Also zum Beispiel: Deutschland gewinnt bei Schwimmen Gold. Sie gehen zu Geschäft, kaufen Stuhl oder so und bekommen Prozente auf den Preis, weil Deutschland bei Schwimmen goldene Medaille geholt hat. Verstehen Sie?«

Efkan sieht so angestrengt aus, als hätte er mir gerade die axiomatische Quantenfeldtheorie aus der mathematischen Physik erklärt.

»Hätte ich das vorher gewusst!«

»Jaaa, Frau Feynberg, alles verpasst. Sie verpassen die wichtigsten Sachen ever!«

»Ja, stimmt, ein weltbewegendes Ereignis. Wie konnte mir das bloß entgehen?«

»Hätten Sie mich gefragt!«

»Mache ich auf jeden Fall bei den nächsten Olympischen Spielen, Efkan!«

Plötzlich schaltet sich Jannes ein, der bisher an seinem Stift gekaut und auf dem Stuhl geschaukelt hat.

»Ey, Frau Feynberg, haben Sie gelesen, wie viel Geld dieses mickrige Feuer da gekostet hat? Ich hätte es denen für billiger gemacht!«

»Zu schade, dass man dich nicht gefragt hat!«

»Kann ich bei nächsten Spielen Praktikum machen? Aber nur bei den im Sommer.«

»Das kannst du gerne machen, Efkan, aber Rio ist ein bisschen zu weit für mich.«

»Was?«

»Rio de Janeiro ist zu weit. Da werden zwei Stunden nicht reichen, um dich am Praktikumsplatz zu besuchen!«

»Hä? Was für Rio?«

»Rio de Janeiro ist eine Stadt!«

»Wo? Da neben Russland, wa? Uuuuuhhhhh, ich bin so gut.«

Efkan fängt an durch die Klasse zu springen.

»Leider nicht ganz richtig. Die nächsten Winterspiele sind in Russland. Rio de Janeiro ist eine Stadt in Brasilien und da finden die nächsten Sommerspiele statt.«

»Ja, wusste ich doch! Ich wollte Sie nur testen!«

Plötzlich sehe ich, dass Zamirs Hand verbunden ist.

»Zamir, was hast du mit deiner Hand gemacht?«

»Gar nix.«

»Hm, der Verband ist also auf deine Hand geflogen und hat sich automatisch darum gebunden? Weil es so schön aussieht?«

»Nein, man. Jemand hat einen Tisch vor meine Faust gestellt. Ich bin gegen ’nen Tisch mit der Faust gelaufen. Ich hab mir nicht wehgetan, aber der Tisch schon. Der ist schwach!«

Ich schaue ihn an.

»Was gucken Sie denn so? Was kann ich dafür? So ein Spast ist mir in Geni … wie heißt das? Genitivbereich gelaufen, da muss ich doch reagieren. Wie ein Mann, wissen Sie?«

»Nein, ich weiß es nicht und ich weiß auch nicht, warum du es immer wieder für nötig hältst, deine Fäuste einzusetzen!«

»Hä? Was soll ich denn sonst machen?«

Ich wende mich kurz dem Klassenbuch zu und höre, wie Can zu Gülcan irgendwas auf Türkisch sagt. In Sekundenschnelle ist Zamir bei ihm, boxt ihn mit voller Wucht in den Oberarm.

»Hör ma auf, du kleine Missgeburt, Türkisch zu reden! Ich hass die Sprache, hab ich gesagt!«

Zamir hasst jede Sprache außer Bosnisch und jedes Land außer Bosnien. Manchmal, glaube ich, hasst er alle Menschen. Alle, außer seine Eltern. Vor ihnen verbeugt er sich. Sie beschützen ihn eben vor allem und jedem. Manche Menschen mag Zamir nur kurzfristig, so wie Lehrer, die ihn mal loben, oder Mädchen, die er heiß findet. Zamir kennt kein »Nein« und denkt, er wäre der klügste und schönste Mensch im Universum. Zu Hause ist er der Beste, der alles darf. Bis nach Mitternacht wegbleiben, sich mit Schlägen durchs Leben kämpfen. Er hat immer recht, alle anderen sind schlecht, ungerecht und haben keine Ahnung vom Leben. Nur Zamir, der hat einen Plan. Er rappt viel, lässt sich filmen und lädt die Videos bei Youtube hoch. In der Schule hat er einen Fanclub. Aber Schule ist nicht wichtig, denn er wird eines Tages ein ganz großer Rapper, dessen ist er sich sicher. Der Älteste von sechs Kindern, der von allen respektierte Chef. Bei Streitigkeiten innerhalb der Familie werden die Geschwister von den Eltern angeschrien, manchmal auch geohrfeigt. Die Mutter muss auch einiges vom Vater einstecken. Zamir kennt es nicht anders, er muss allerdings niemals einstecken, er darf verteilen. Ohrfeigen findet er okay, das ist für ihn keine Gewalt. Aus dem Fußballverein ist er wegen mangelnder Teamfähigkeit rausgeflogen. Die in dem Verein seien alle »verfickte Hurensöhne«, sagt Zamir. Jetzt boxt er. Auch seine Mitschüler. Aber das ist keine Gewalt, wenn man Zamir fragt.

Er bleibt stehen und schlägt immer wieder gegen Cans Oberarm, als wäre der ein Boxsack.

»Zamir! Spinnst du? Warum beleidigst du ihn denn? Er hat dir doch nichts getan!«

»Was regen Sie sich so auf? Das war doch nur Spaß!«

»Ist dir klar, dass du so eine Anzeige wegen Körperverletzung kassieren kannst?«

»Na und? Ist mir doch egal!«

»Frau Feynberg, ich hab Bauchschmerzen.«

»Warum hast du denn jetzt Bauchschmerzen, Can? Wenn überhaupt, dann sollte doch dein Arm wehtun! Wobei – Bauchschmerzen solltest du auch haben und zwar, weil du schon wieder in der Schule Türkisch sprichst! Du weißt ganz genau, dass das auf dem Schulgelände verboten ist! Abgesehen von dem unhöflichen Verhalten, das du damit zeigst.«

»Aber wenn es mir rausrutscht?«

»Was heißt denn hier ›rausrutscht‹? Meine Muttersprache rutscht mir auch nicht einfach so raus. Und wenn mindestens eine dritte Person im Raum ist, die kein Russisch versteht, wird natürlich Deutsch gesprochen! Oder Englisch. Hier sind mehrere Personen im Raum, die kein Türkisch verstehen.«

Can guckt zu Boden.

»Aber Frau Feynberg, ich hab immer noch Bauchschmerzen …«

Zamir schreit: »Ist doch normal, dass der Bauchschmerzen hat, der hat öfters seine Tage. Ist dein Tampon voll, du Knecht?«

Can läuft rot an und guckt beschämt zu Boden.

Er hat eindeutig Angst vor Zamir und gleichzeitig verehrt er ihn. Can hätte auch zu gerne die Aufmerksamkeit seiner Mitschüler, wie Zamir sie genießt. Also versucht er, sie sich zu holen, auch wenn er dafür Schläge von Zamir einstecken muss. Can schreit wohl innerlich nach Zuneigung, doch er bekommt sie weder von seinen Mitschülern noch von seinen Eltern. Nach der Geburt seiner jüngeren Schwester, die mit einer Behinderung zur Welt kam, hat sich das mit der Aufmerksamkeit erledigt. Auch mit der Liebe, so scheint es. Für Can interessiert sich keiner. In der kleinen Dreizimmerwohnung gibt es nur Platz für seine Schwester. Nicht mal einen Schreibtisch hat Can, um Hausaufgaben zu machen. Deswegen steht er immer eine halbe Stunde vor Unterrichtsbeginn vor der Schule. Deshalb möchte er auch die Schule nicht verlassen. Man sieht ihn auch eine Stunde nach Schulschluss am Schultor stehen und hoffen, dass irgendetwas passiert, dass er irgendeine Aufgabe bekommt, um bloß nicht nach Hause gehen zu müssen.

»Ok, Zamir, es reicht, geh mal kurz vor die Tür und schnauf ein paarmal durch!« Zamir gehorcht, aber dreht sich noch einmal um: »Sie sind trotzdem eine voll nette und schöne Lehrerin!«

»Zu dir wahrscheinlich zu nett!«

»Trotzdem. Ich lieeebe es, wenn Sie nett sind! Wollen Sie mich heiraten?«

»Lass mich kurz überlegen … nein.«

Oktober

»Sie sind doch eine von uns«

Ich stehe vor der Klasse und kontrolliere die Hausaufgaben. 14 Schüler sind ohne zum Unterricht erschienen. Um die geplante Stunde durchführen zu können, müsste ich erst mit ihnen das erarbeiten, was sie als Hausaufgabe erledigen sollten. Aber was mache ich dann mit denen, die alles gemacht haben? Mein Geburtstag fängt ja prima an.

»Wie wollt ihr denn bitte euren Abschluss machen, wenn kein Mensch hier Hausaufgaben macht?«

»Irgendwie mach ich den schon …«

»Natürlich, David … irgendwie … Habt ihr denn wenigstens angefangen, eure Referate vorzubereiten? Die sind wichtig als Übung für die Präsentationsprüfung.«

»Abou, die ist doch erst in einem Jahr«, sagt Walmir und verdreht die Augen.

»Ja, du hast also genau zwölf Monate Zeit, präsentieren zu lernen. Das ist nicht so wahnsinnig lang, wie es sich vielleicht anhört.«

Ich kann bis morgen reden, ein ganzes Jahr hört sich in den Ohren meiner Schüler wie eine Ewigkeit an.

»Justin, wie weit bist du?«

»Ich hab Plakat gekauft Und ich habe schon eine Idee!«

»Can?«

»Ich hab auch Plakat gekauft. Und Eddings.«

»Mandy?«

»Ich weiß sogar, über wen ich das Referat machen will. Darf ich über Merkel? Ich schreib dann, die soll ma was anderes anziehen. Bei Ku'damm gibt es jetzt Sale.«

»Ich denke, du solltest dir noch einmal die Aufgabenstellung für das Referat durchlesen. Es geht doch nicht darum, welcher Politiker welche Klamotten trägt. Ihr sollt keine Styleberatung machen. Nafisa, wie weit bist du?«

»Frau Feynberg, ich hab sogar zwei Plakate gekauft. Wenn eins kaputtgeht. Für Sicherheit.«

»Leute, das ist ja toll, dass ihr den Schreibwarenladen leer gekauft habt, aber ihr müsst doch auch inhaltlich was tun.«

»Wie Sie immer übertreiben ... Wir haben doch noch sieben Tage.«

Über die Referate können wir also nicht reden. Deswegen müssen Lehrer spontan und flexibel sein. »Holt bitte alle das Buch raus, wir lesen weiter.«

Gejammer, Gestöhne. Kaum einer bewegt sich Richtung Tasche, um das Buch rauszuholen.

»Ey, Frau Feynberg. Ist diese Geldkrise eigentlich noch da?«

»Max, ich glaube, du hast jetzt eine Aufgabe!«

»Sie hassen mich! Können Sie nicht einfach antworten?«

»Nein. Du hast doch eine *Aufgabe*!«

»Ich hab gehört, diese Krise ist schlimmer als Erdbeben.«

»Mirko, auch *du* hast etwas zu tun.«

Ich werde ignoriert. Eiskalt. Sogar an meinem Geburtstag. Toll.

»Erdbeben ist doch nicht schlimm. Ey stell dir vor, so ein Erdbeben wie in Haiti passiert auf einmal da, wo die Schule steht.«

»Was Schule? Wenn hier Erde aufgeht, ist mies, ich bin dann zu Hause. Da passiert mir ja nix.«

»Max, noch einmal: Ich hätte dich jetzt gerne in der ruhigen Variante.«

Er macht tatsächlich den Mund zu. Gülcan macht aber ihren auf.

»Frau Feynberg, wissen Sie? Ich kenne so ein Mann, der ist so Cousin, aber nicht so richtig Cousin. Von dem Mann meiner Schwester. Ich sehe den oberoft Sportplatz. Also wir sind schon ein bisschen verwandt …«

»Was ist mit ihm?«

»Der kennt Manuel Neuer! Von Training. Bester Torwart!«

Jetzt nimmt auch Önder an unserem Gespräch teil. Ist ja nicht so schlimm, dass er am anderen Ende des Raums sitzt. Gute Akustik und so.

»Wallah, Gülcan, bist du vielleicht ein bisschen krank behindert? Oder nur behindert? Brauchst du vielleicht Psychiatriker? Niemals spielt einer dem dein Verwandter bei Nationalmannschaft!«

Gülcan steht auf, durchquert den ganzen Raum und stellt sich vor Önder.

»Wir sind nur bisschen verwandt. Ich schwör dir, der kennt den. Frag meine Schwester!«

So geht das nicht weiter. Ich versuche es mit einem Trick.

»Gülcan, kommst du bitte kurz mit raus?«

»Immer ich! Was hab ich gemacht? Ich hab nix gemacht!«

»Das habe ich auch nicht gesagt. Kannst du bitte kurz mit mir rauskommen?«

In der Hoffnung, dass die anderen weiter an ihren Aufgaben arbeiten, verlasse ich mit Gülcan die Klasse und bete, dass sie meine Nachricht schnell auffasst und dass ich währenddessen keine Geräusche aus dem Raum höre.

»Rufen Sie jetzt bei mir an?«

»Hör zu, ich habe heute Geburtstag.«

Gülcans Augen werden ganz groß. »Schwören Sie!«

»Ja. Und ich wünsche mir zum Geburtstag, dass du die restlichen drei Stunden ruhig bist und dich mit entsprechenden Manieren am Unterricht beteiligst.«

»Stiiimmt, letztes Jahr hatten Sie auch so Oktober Geburtstag?«

»Nein, letztes Jahr war es Dezember.«

Gülcan guckt mich total verdattert an.

»Wallah, Frau Feynberg, ich kann natürlich versuchen. Ich muss aber andere erzählen, Sie haben Geburtstag! Dann bin ich sooo cool, weil ich weiß, wann Sie Geburtstag haben, ich schwöre. Und dann lieben die mich alle in der Klasse! Und wenn ich das jetzt alle erzähle, dann bin ich doch in der Stunde laut. Und dann sind Sie wieder traurig. Und dann bin ich auch traurig. Weil ich will Ihnen als Geschenk Ruhe schenken.«

»Nein, ich habe es nur dir erzählt. Du darfst es keinem anderen erzählen. Es ist nämlich ein großes Geheimnis! Keinem Menschen. Das musst du mir versprechen!«

»Biiiiiitte Frau Feynberg. Ich muss erzählen.«

Ich gebe nach.

»Du darfst, wenn du dich ab jetzt benimmst, aber frühestens in der großen Pause.«

»Ich schwör, ich schenk Sie Ruhe. Ab jetzt.«

Gülcan geht wieder in die Klasse. Ich folge ihr und bete, dass sie meinen Geburtstagswunsch erfüllt. Sie grinst über beide Ohren.

»Ey, das ist so unfair. Sie gehen mit Gülcan raus und besprechen mit ihr was! Geben Sie zu, Sie mögen Mädchen mehr! Wer flüstert, der lügt. Und Sie haben ihr bestimmt gesagt, was in der nächsten Arbeit vorkommt.«

»Ja, genau, Jannes. So ist es. Gegen euch habe ich etwas, nur Gülcan helfe ich bei allem. Und nur weil sie ein Mädchen ist.«

Die gesamte Klasse wendet sich Gülcan zu. »Gülcan, Gülcan, was hat die dir gesagt?«

»Ich darf nix sagen und ich darf nicht stören.«

Gülcan bleibt tatsächlich standhaft und verrät keinem unser Geheimnis.

Nach der Pause kommt Önder zu mir nach vorne und singt wahnsinnig laut in mein Ohr: »Happy birthday to you, happy birthday to you, happy birthday, Frauuuu Feeeynbeeeerg, happy birthday to you. Was geeeeeht, Frau Feynberg? Geburtstag und so? Wollen Sie für Sie und für uns Erlösen machen? Können wir jetzt gehen? Sie können dann feiern, wir können chillen … Ist doch mieseste Geschäft! Das wäre so porno!«

Spätestens jetzt haben es auch alle anderen mitbekommen. Efkan, Justin, Emre, Melina und Gülcan umkreisen uns. Ich muss ein zweites Happy-birthday-Ständchen befürchten. Aber nein. Gülcan hat einen Vorschlag:

»Ey, Frau Feynberg, gönnen Sie sich mal deutsche Pass zum Geburtstag! Kann man bestimmt in Russland kaufen. Oder haben Sie schon welche?«

»Den habe ich schon. Und zwar nicht gekauft. Andere Geburtstagsideen?«

»Schwören Sie! Sie haben aber gut Deutsch gelernt! Können Sie was auf Russisch sagen? So was wie: Gülcan, du bist so schön?«

Ein Lehrer mit Migrationshintergrund ist ein Exot, den trifft man nicht alle Tage. Ich komme mir vor wie im Zoo.

»Ey, Frau Feynberg, Sie sind ja auch ein Kanak wie ich!«

Ich setze den bösesten Gesichtsausdruck auf, den ich im Repertoire habe. Auch wenn sie damit nicht nur mich, sondern genauso sich selbst beleidigt hat. Ausdruck ist Ausdruck, egal wen man damit meint.

»Nein, nein … Ich schwör, ich wollte Sie nicht beleidigen. Bitte seien Sie nicht sauer! Sind Sie beleidigt? ›Kanak‹ ist doch gar keine Beleidigung!«

Ich schweige und gucke weiterhin entsetzt. Gülcan guckt beschämt zu Boden.

»Ich wollte doch nur sagen … Sie sind doch eine von uns!«

»Uh, scheiße, jetzt kann man Sie gar nicht mehr abschieben, wa?«

»Danke Efkan, für diesen Kommentar. Jetzt hast du meinen Tag gerettet. Nein, man kann mich nicht mehr abschieben. Ich bleibe hier wohnen und unterrichte dich von Montag bis Freitag. Daran wird sich bis auf Weiteres nichts ändern.«

Nun beteiligt sich auch Bülent an unserer Unterhaltung. »Wallah, scheiß ma auf deutschen Pass! Wer will dem haben?«

»Also, ich freue mich, dass ich ihn habe. Und Deutschland finde ich auch nicht so schlecht. Schließlich konnte ich hier zur Schule gehen, studieren und kann momentan sowie wahrscheinlich in der Zukunft ein echt nettes Leben führen.«

Schweigen und lauter fragende Blicke. Vielleicht habe ich sie ja gerade doch mal zum Nachdenken gebracht.

Wer braucht Disney World?

Am Wochenende ging ich ab und zu mit meinen Eltern oder Großeltern in den Zoo. Ansonsten verbrachte ich meine Zeit auf dem Hof unseres Hauses. Dieser Hof war der Mittelpunkt meines Lebens. Dort gab es eine Holzrutsche, die jeden Moment drohte auseinanderzufallen, eine Schaukel und einen Sandkasten. Etwas abseits stand eine Holzhütte mit einem runden Tisch und einer Holzbank. Dort versammelten sich Omas mit bunten Kopftüchern, die Gerüchte aus dem Block austauschten, während die Enkel auf dem Spielplatz tobten. Neben dem Spielplatz befand sich eine Baustelle, die eindeutig eines der Highlights meines damaligen Lebens darstellte. Ich weiß bis heute nicht, ob auf diesem Platz mit den vielen Betonplatten jemals etwas gebaut wurde. Wir sprangen von einer Platte zur nächsten, spielten dort Verstecken oder saßen einfach da und haben geredet. Herrlich.

An der Seite des Hofes befand sich das Gebäude einer ehemaligen Schule, die mein Großonkel und meine Großtante in den Fünfzigern noch besucht hatten. In den Achtzigern zog die Berufsschule für Krankenschwestern und Krankenpfleger in das Haus. Das einzig Interessante an dem Gebäude war für uns, dass im Winter die Fläche davor zu einer Eisbahn wurde und wir dort Schlittschuh laufen konnten.

Aus dem Schnee wurde ein Riesenberg gemacht, von dem wir munter herunterrutschten, mit oder ohne Schlitten. Der Winter war meine liebste Jahreszeit. Auch aus einem anderen Grund, denn die wahre Attraktion für uns Kinder stellten die alten Garagen dar. Sie waren verfault, verrostet und rochen nach Feuchtigkeit. Uns war das egal, wir hatten dort einen Heidenspaß. Wir kletterten auf die Dächer und sprangen herunter. Die Eigentümer der Garagen versuchten mit allen Mitteln uns zu vertreiben, weil sie Angst hatten, dass die dünnen Dächer dieser Belastung nicht standhalten und nachgeben würden. Eigentlich nachvollziehbar. Wir liebten es aber und kamen trotz des Ärgers immer wieder. Vor allem im Winter, wenn wir mit lauten Begeisterungsschreien in einem der zahlreichen Schneehaufen landeten.

Anfang 1990 sollte die erste McDonald's-Filiale eröffnen, und ich hatte nur noch einen Berufswunsch. Ich wollte um jeden Preis dort arbeiten, auch als Putzkraft, wenn es denn sein musste. Ich träumte nachts von McDonald's und sah es tagsüber vor mir. Das goldene M begleitete mich rund um die Uhr. Endlich war es so weit: Eröffnung. Nach ungefähr eineinhalb Stunden Warten in einer Schlange im tiefsten Winter betrat ich mit meinem Vater dieses Paradies. Dass ich meine Hände und Füße nicht mehr spürte, war egal. Diese Einrichtung war eindeutig überirdisch. Freundliche Verkäufer in grün-brauner Kleidung, die lächelten, Danke und Bitte sagten und diese komisch gefüllten Brötchen, die ich noch nie zuvor gesehen, geschweige denn gegessen hatte. Hier sah alles so modern aus, es roch gut und schmeckte absolut fantastisch. Die kleinen Spielzeuge aus der Juniortüte machten mein Glück perfekt.

Mein Berufswunsch ging leider nicht in Erfüllung, ein Jahr später emigrierten wir nach Deutschland. Da ich hier an fast jeder Ecke eine der zahlreichen McDonald's-Filialen bewundern konnte, war die Begeisterung bald verflogen.

Zwei Jahre, nachdem wir in Deutschland angekommen waren, fuhr ich mit meinem Vater nach Moskau, um meine Großeltern zu besuchen, die damals noch dort lebten. Ich war unheimlich aufgeregt und die Vorfreude wuchs ins Unermessliche. Schließlich durfte ich allein mit Papa Urlaub machen, während mein Bruder in Deutschland bleiben musste. Wir fuhren die 2300 Kilometer mit dem Auto. Deutschland – Polen – Weißrussland. Je näher wir Russland kamen, desto grauer und trister wurde es hinter der Fensterscheibe. Auch die Menschen, denen wir während der Fahrt begegneten, wurden immer unfreundlicher. Nach zwei Tagen hatten wir endlich Moskau erreicht. Es war bereits dunkel, als wir an unserem ehemaligen Wohnhaus hielten. Wir stiegen aus und gingen zuerst in den Hof. Mein Vater wollte mir unbedingt zeigen, wo ich noch vor nicht allzu langer Zeit meine Nachmittage und Wochenenden verbracht hatte. Ich war nicht besonders angetan: Dieser Hof war stockdunkel, schmutzig und wirkte sehr fremd auf mich. Meinen Kinderspielplatz habe ich kaum wiedererkannt. Ich nehme an, dass sich in den beiden Jahren meiner Abwesenheit vor Ort nicht allzu viel geändert hatte. Nur ich hatte mich weiterentwickelt. Ich kannte nun andere Kinderparadiese. Spielplätze, die hell, bunt, freundlich und einladend waren. Ich drückte die Hand meines Vaters noch fester und wünschte mir plötzlich nichts sehnlicher, als so schnell wie möglich wieder zu verschwinden. Zurück nach Hause, nach Deutschland. Zu den netten Menschen und echten Spielplätzen.

Mit 22 Jahren besuchte ich Moskau ein weiteres Mal. Ich war jetzt ein halbwegs erwachsener Mensch, der die Dinge, die er sah, einigermaßen reflektieren konnte. Diesmal lief ich mit offenem Mund durch die Stadt und konnte mich an der wunderschönen Architektur, den breiten Straßen und geschmückten Einkaufszentren nicht sattsehen. Ich besuchte Theater und genoss die eindrucksvollen Inszenierungen, eilte von einem Museum zum nächsten und verschlang die Kultur und Geschichte, die mir hier geboten wurden. Nicht mal die hohen Eintrittspreise schreckten mich ab, obwohl die Preispolitik mich wirklich rasend macht: In Moskau zahlen Ausländer und Einheimische in den Museen nämlich unterschiedliche Eintrittspreise. Wegen meines deutschen Akzents im Russischen musste ich jedes Mal den Preis eines Ausländers zahlen, weil keine der Kassendamen mir abnahm, dass ich Russin war. Es wäre auch gelogen gewesen. Ich war schon lange nicht mehr russisch und bereits meilenweit von der Mentalität dieses Landes entfernt. Moskau wirkte auf mich einschüchternd gegensätzlich.

Auf der einen Seite erblickte ich Luxus: die neuesten Autos, Casinos an jeder Ecke, Überfluss in den Supermärkten, modernste Kinos, Restaurants mit übermäßig teurem Essen, und Frauen, die vor Schmuck von oben bis unten glitzerten. Auf der anderen Seite sah ich alte Menschen in den U-Bahn-Unterführungen, die bettelten, weil sie von ihrer kleinen Rente nicht überleben konnten. Trotz der vielen Armen war alles so teuer, dass es selbst für mich, die als Touristin aus einem reichen Land kam und eine Weile für diese Reise gespart hatte, schockierend war. Wie überleben dort Menschen, die tatsächlich nur ihre meist mickrige Rente haben?

»Kinderarbeit ist nicht lustig!«

Ich spaziere voll freudiger Erwartung in den Klassenraum. Heute ist ein großer Tag. Meine Schüler müssen ein Thema präsentieren, das sie sich selbst ausgesucht haben. Isabel steht bereits an der Tafel.

»Kann ich schon anfangen oder wollen Sie noch eine Ansage machen?«

»Ich würde euch gerne begrüßen und dann können wir anfangen.«

»Aber ich krieg doch Plus? Weil ich zuerst vortrage. Sonst traut sich keiner. Sie haben gesagt, ich krieg Plus. Bitte.«

»Plus?«

»Ja, weil ich doch zuerst mache und noch nie vor Klasse gespricht hab. Nicht mal Grundschule.«

»Stimmt, so war das. Du hast noch nie vor einer Klasse *gesprochen*?!«

»Mein ich doch.«

Isabel ist eine wirklich fleißige Schülerin und achtet eigentlich sehr darauf, alles richtig zu machen. Sie hat ein Ziel: Jedes Jahr will sie das beste Zeugnis der Klasse bekommen. Bisher ist es ihr immer gelungen. Ich muss mich wirklich über »gespricht« wundern. Na gut, kann passieren. Sonst gibt es ja mit ihr keine Probleme. Plötzlich merke ich, wie wenig ich über Isabels Familie und ihr Leben weiß. Hat sie

Geschwister? Hat sie Haustiere? Wie lebt sie? Beschäftige ich mich nur mit denen, die auffallen? Ich muss mich dringend die Tage mal mit Isabel unterhalten und mehr über sie erfahren.

Ich begrüße alle und erkläre noch einmal, worauf es bei einem Vortrag ankommt.

Isabel fängt also an und hält ein wirklich gutes Referat zum Thema Kinderarbeit. Mit Augenkontakt zu den Zuhörern und allem Drum und Dran.

»Isabel, das war toll! Frei gesprochen, Zuhörer mit einbezogen und sehr interessant erzählt. Mir hat bloß die Gliederung gefehlt.«

Isabel zeigt auf ihre Karteikarten.

»Aber ich hab doch hier alle Glieder!«

»Eine *Gliederung*, damit die Zuhörer wissen, wie es weitergeht und an welcher Stelle du dich momentan befindest.«

»Das können Sie nicht machen, ich hab doch gesagt, worüber. Und nur deswegen krieg ich eine Note schlechter?«

»Nein, auch weil du kein Anschauungsmaterial mitgebracht hast, was wir doch aber vorher besprochen hatten.«

»Aber ich wollte nicht so gruselige Bilder von so Skelettkindern mitbringen.«

»Das haben wir auch besprochen. Es gibt Statistiken und Grafiken zu dem Thema. Wäre hilfreich gewesen, wenn du so etwas mitgebracht hättest.«

»Aber die Bilder sind übertrieben traurig. Kinderarbeit ist nicht lustig! Was macht das für Sinn, wenn hier alle heulen?«

»Wir reden nicht von Fotos, sondern von einer Statistik, einem Diagramm, damit wir verstehen, von welchen Zahlen wir hier überhaupt reden. Wie viele Kinder sind weltweit in Fabriken beschäftigt, in welchen Ländern überwiegend?«

»So Nafisa, du bist jetzt dran.«

»Aber ich hab nix.«

Ich schaue das Mädchen fassungslos an. »Aha. Und warum nicht?«

»Ich wusste doch nicht, was ich machen soll!«

Nafisa schreit mich an, als wäre das Ganze meine Schuld.

»Ehrlich gesagt wundert mich das nicht. Ich habe dir nämlich sogar einen Extratermin angeboten, damit wir alles besprechen können und du bist nicht gekommen!«

Ich spüre Nafisas Wut, ihr Gesicht wird rot.

»Was kann ich dafür, wenn ich nicht Schule kommen kann? Soll meine kleine Schwester allein zu Hause sein oder was?«

»Wir hatten einen Termin vereinbart! Dann präsentiere doch wenigstens das, was wir vorher abgemacht haben. An Termine muss man sich halten! Irgendwas musst du doch haben.«

»Nein. Kein Bock. Jetzt mache ich gar nix mehr.«

Die ganze Klasse beginnt auf Nafisa einzureden. Eine schlechte Note sei doch besser als gar keine Note, jeder traue sich, sogar Can …

Aber Nafisa bleibt eisern.

Efkans Referat ist hervorragend. Super für mich. Seine gute Laune ist für den Rest des Tages garantiert. Ich ertappe mich bei dem Gedanken, dass ich ihm das gar nicht zugetraut habe, so schwierig war die Vorbereitungszeit vor der Präsentation. Er ist einer der ersten Vortragenden und prahlt den ganzen Tag damit, dass er doch erst gestern angefangen und alles auf einmal gemacht habe. Komisch, dass er mir bereits vergangene Woche sein Plakat gezeigt hat …

Efkan kommt mehrmals an den Lehrertisch und versucht, in meine Notenliste reinzuschielen.

»Hab ich echt beste Note bekommen? Aber ich war doch schon der Beste?«

»Umut und Isabel waren auch sehr gut.«

»Aber ich war doch schon bisschen besser? Die haben doch große Minus bei der Eins und ich hab nur kleine, wa?«

»Justin, jetzt bist du dran.«

»Ich mach mieseste Referat. Ich hab mir so Mühe gegeben, ihr werdet gleich so neidisch sein.«

Ich stolpere immer wieder darüber, dass ›mies‹ heutzutage von den Jugendlichen als ein sehr positives, zumindest verstärkendes Wort genutzt wird. Justin erzählt also vom Tagesablauf in einem Kindergarten, in dem er einen Tag lang hospitieren durfte. Das Plakat ist anschaulich, über die Sprechweise kann man nicht meckern, nur am Thema schliddert er vorbei. Abgemacht war, dass er über Berufskrankheiten in Kindergärten berichtet. Leider ist das Thema eine Bastelaktivität mit den Kindern geworden.

Nach dem Vortrag scheint Justin zufrieden zu sein. Ich bin es nicht wirklich. Ein anderes Thema war abgemacht. Punkt.

»Wie kommst du denn jetzt auf Basteln?«

»Ich dachte egal, ist doch auch mit Kindern.«

»Du kannst doch nicht einfach das Thema ändern. Du solltest dir eine Krankheit aussuchen und über diese berichten. Burn-out zum Beispiel.«

»Übertreiben Sie doch nicht! Als ich da war, haben die gebastelt. Da hatte keiner Burn-out. Hauptsache ich hab doch Plakat und guten Vortrag gemacht?«

»Es war ja auch gut. Aber du hast eindeutig das Thema verfehlt. Das ist in jeder Prüfung ein Grund durchzufallen!«

»Was durchfallen? Mein Plakat war doch Bombe!«

»Aber du musst dich an die Abmachung halten! Ich kann doch nicht irgendetwas prüfen, was nicht zum Thema gehört!«

Die Klasse unterstützt natürlich Justin. Ich höre mir an, wie unfair und »ohne Sinn« das sei, dann beende ich die Diskussion, Thema verfehlt ist Thema verfehlt.

»Mandy, du bist jetzt dran.«

Mandy hebt ihren Kopf vom Tisch. Ihre Augen sind leer. Ich muss befürchten, dass sie weiterhin kifft, obwohl das Gespräch mit dem Vater und der Schulpsychologin eigentlich erfolgreich verlaufen ist. Mandy hat versprochen, sich zu ändern, sobald die neue Freundin des Vaters wieder auszieht. Mandy mag sie nicht, möchte die einzige Frau im Leben ihres Vaters bleiben. Nach dem Gespräch zu viert schien die Welt wieder in Ordnung zu sein.

»Ich hab falsch.«

»Wieso denn falsch?«

»Mach doch. Du kriegst bestimmt bessere Note als Justin, auch wenn du kein Plakat hast. Hauptsache Thema nicht verfehlt.«

»Danke Önder, aber nach deiner Meinung haben wir nun wirklich nicht gefragt.«

Justin schmollt immer noch vor sich hin.

»Ja, aber gucken Sie. Efkan hat nur abgelesen. Voll der Scheißvortrag gewesen.«

Efkan kocht jetzt vor Wut, ich kann es sehen.

»Dafür war seine Powerpoint-Präsentation erste Klasse und er hat zu dem vereinbarten Thema referiert.«

»Jaaa, aber alles abgelesen!«

»Ok, Leute, es reicht jetzt. In der Abschlussprüfung besteht ihr auch nicht, wenn ihr das Thema verfehlt. Ist hart, ist aber so. Mandy, willst du oder nicht?«

»Später vielleicht.«

In der Abschlussprüfung werden sie mir meine Hartnäckigkeit danken. Hoffentlich.

»Ausländer machen keine Termine, die kommen einfach!«

Von meinem Unterricht werde ich nicht viel haben, denn in der Sportstunde heute früh gab es Aufregung. Bülent und Murat durften beim Fußballspiel nicht mitspielen und saßen auf der Bank. Und worüber kann man sich da schon unterhalten, wenn nicht darüber, wie schlimm die jeweils andere Mutter ist, was man alles mit der jeweils anderen Mutter machen könnte. Alles natürlich aus Spaß. Bis Bülent bei einer – wohl sehr schlimmen Beleidigung seiner Mutter – aufsprang und seine Faust in Murats Gesicht versenkte. Einfach so, innerhalb weniger Sekunden. Jetzt steht der Sportlehrer vor mir, die beiden im Schlepptau und sagt: »Hier, deine Jungs. Sie sollen dir erzählen, was gerade vorgefallen ist.«

Murat hält ein nasses Taschentuch an die Nase und wankt ein wenig, Bülent verschränkt die Arme und macht nicht den Eindruck, als ob er reden wolle. Warum muss denn Bülent immer mit Gewalt reagieren? Er hat mit seinen 15 Jahren bereits eine dicke Akte bei der Polizei. Wenn Murat ihn anzeigen sollte, sieht es für ihn wirklich schlecht aus.

Ich muss wieder eines dieser »Deine-Mutter-Gespräche« führen, die ich überhaupt nicht leiden kann. Langsam bekommen wir das Puzzle zusammen. Aber jetzt bemitleide ich mich auch noch selbst: Das wahre Opfer hier bin doch ich bzw. mein Unterricht, der wieder vor die Hunde geht. Ich stelle mich also vor die Klasse und halte meine Moralpredigt. Bülent und Murat sitzen zwar nebeneinander, aber drehen sich demonstrativ voneinander weg. Ich verstehe dieses Mutterding ja wirklich nicht, ich muss nicht mal schauspielern. Wenn man doch weiß, wie die eigene Mutter ist, warum reagiert man dennoch auf die Sprüche des anderen? Das sind doch alles nur leere Worte. Meine Worte hingegen sind wirkungslos, das Vergehen der beiden Jungs will die Klasse überhaupt nicht einsehen. Alle kennen die Situation und jeder Einzelne würde genauso reagieren. Außer Umut, er versucht die anderen zur Vernunft zu bringen: »Ey, wenn du guter Mensch bist, sagst du so was nicht. Du sagst dann einfach: ›Geh mal weg von mir‹.«

Zamir möchte mich von dem »Deine-Mudda-Gedanken« überzeugen: »Stellen Sie sich vor, Frau Feynberg, Herr Maier sagt so was über Ihre Mutter! Das ist übertrieben ehrenlos! Sie würden doch ausrasten!«

»Nein, würde ich nicht. Ich würde erst gar nicht hinhören, weil ich ja weiß, wie meine Mutter ist und wie sie sich in der Regel verhält. Mir ist es doch egal, was die anderen sagen! Sollen die doch reden, bis sie schwarz werden! Abgesehen davon unterhalten Herr Maier und ich uns nicht wirklich auf diesem Niveau.«

»Ja, sehen Sie? Bei Ihnen ist was anderes!«

Später, als die Gemüter sich abgekühlt haben und alle wieder Freunde sind, führe ich mit der Klasse ein Gespräch über Integration. Es stellt sich heraus, dass ich die Einzige im Raum bin, die nicht in Deutschland geboren wurde. Und die Einzige, die sich nicht als Ausländerin sieht. Alle anderen bezeichnen sich als Türken, Syrer, Kroaten, Libanesen, Kurden … Alles, nur nicht als Deutsche. Einige wenige träumen sogar davon, irgendwann wieder in dem Land zu leben, aus dem ihre Eltern oder Großeltern emigriert sind. »Weil es da so schön ist«, höre ich.

Warum sind deine Eltern aus dem Land noch mal geflüchtet?, frage ich mich insgeheim. Natürlich kommen bei solchen Gesprächen Dinge ans Licht, die die Schüler tatsächlich beschäftigen. Und die haben nichts mit Algebra, Rechtschreibung oder Evolution zu tun.

»Frau Feynberg, wussten Sie schon? Bald gibt's neue Weltkarte. Mit Kurdistan. Stellen Sie sich vor, Flughafen mit McDonald's in Kurdistan? Wie geil das wäre!«

»Gibt's eine Türkenstraße in Berlin? Muss geben!«

Emre sitzt mit einem Papierflieger da und macht Fluggeräusche. Das Gebilde sieht aus wie eine angeschossene Fliege.

»Emre, was machst du da?«

»Ich fliege mit dieser Fliege Türkei!«

Jeder hat eben eigene Gedanken und Wünsche. Wir diskutieren ziemlich lange. Über das Erlernen der deutschen Sprache, Arbeit und Gesetze. Zwischendurch fällt mir ein, dass ich einen Termin mit Betüls Mutter vereinbaren wollte.

»Übrigens, Betül, hat deine Mutter meine E-Mail bekommen? Ich habe ihr drei Terminvorschläge gemacht.«

»Frau Feynberg, Ausländer machen keine Termine, die kommen einfach!«

»Seit wann denn das? Ich mache immer Termine und versuche mich an sie zu halten.«

»Sie sind ja auch Lehrerausländer. Ist was anderes.«

Die Meinungen sind ziemlich gespalten. Und die Lebensgeschichten auch. Ich erzähle meinen Schülern die Geschichte meiner Eltern. Dass sie beide sehr gut Deutsch sprechen, sich in Deutschland eingelebt und relativ schnell nach unserer Ankunft eine Arbeit gefunden haben. Als Antwort höre ich wieder: »Ja … Ihre Familie, das ist ja was anderes …«

Themawechsel. Zumindest denke ich das zuerst.

»Ey, Frau Feynberg, ich habe gestern bei diese große Theater angerufen. Die waren mies unfreundlich! Was ist mit den ihr Leben los?«

»Ähm … bei der Oper?«

»Ja, genau. Oper.«

»Was hast du denn gesagt?«

»Ich hab gesagt, hallo hier ist Melina, ich will Praktikum hier machen! Und die dann so, nee geht gar nicht bei uns und so! Ey, hätte ich gesagt, hallo hier ist Heidemarie Müller, die hätten mich sofort genommen. Ich schwör auf alles, die hätten mich sofort genommen!«

»Aller, was redest du? Die haben dich nicht genommen, weil du so hässlich bist! Das haben die durch Telefon gespürt!«

»Wallah? Dein Ernst? Ich bin doch nicht hässlich! Ich komme doch nicht aus Brandenburg!«

»Melina, wieso denn Brandenburg?«

»Frau Feynberg, wissen Sie nicht? Das ist wie Dorf dort! Wie die da rumlaufen …«

»Melina, Brandenburg ist ein Bundesland, in dem es auch Städte gibt! Und die Menschen dort sind genauso Menschen wie hier!«

»Eeecht? Laufen die da so … normal rum?«

Ich rolle mit den Augen und seufze. Ganz tief. Melina merkt, dass sie etwas Unpassendes gesagt hat und geht zum Angriff auf Önder über.

»Frau Feynberg! Önder, diese kleine Missgeburt, wie redet der mit mir? Haben Sie das gehört? Rufen Sie mal dem seine Mudda an!«

»Also Melina, wenn du bei dem Anruf das gleiche Vokabular benutzt hast, wundert es mich nicht, dass du eine Absage kassiert hast!«

»Nein man, ich war übertrieben höflich. Dankebitteundso. Sie kennen mich doch!«

»Wahrscheinlich haben sie momentan einfach keinen Bedarf an Praktikanten.«

»Was Bedarf? Einen Deutschen hätten die sofort genommen!«

»So ein Quatsch! Ich hatte nie Probleme, weil mein Nachname mit ›y‹ geschrieben wird oder weil auf meinem Pass ein anderes Land als Geburtsland angegeben ist!«

»Ey, Frau Feynberg, Sie sind doch kein Ausländer! Sie sind doch voll interveniert! Mit Deutsch und Geld und so.«

»Voll was?«

»Na, wie das Ding heißt?«

»Integriert.«

»Ja, ist doch!«

»Jaaa, wallah, warum machen Sie so?«

»Jedenfalls glaube ich nicht, dass eine Heidemarie Müller unbedingt bessere Chancen hätte.«

»Sie lächeln gerade so mit ihrem voll falschen Lächeln! Sie meinen das gar nicht so, wa? Ist doch so, dass die keine Türken nehmen!«

»Ich meine das genauso, wie ich es sage. Wenn man sich am Telefon nett vorstellt und höflich nach einem Praktikums- oder Ausbildungsplatz fragt, dann kann nichts passieren. Und wenn man einen Korb bekommt, nicht verzweifeln und weitersuchen! Das passiert eben, dass man einen Praktikumsplatz oder die gewünschte Arbeitsstelle nicht sofort bekommt.«

»Jaa, sagt sich so leicht! Nur weil Sie mehr Glück hatten!«

Meine Eltern – wie Feuer und Wasser

»Frau Feynberg, wie können Sie sich die ganzen Daten in Geschichte merken?«

»Ich versuche mir Eselsbrücken zu bauen und so die Daten im Kopf zu behalten. Zum Beispiel ›der Sturm auf die Bastille‹ ist für mich sehr einfach. Der 14. Juli ist der Hochzeitstag meiner Eltern.«

»Cüüüs lan, meinen Sie ernst? Ihre Eltern haben 1789 geheiratet?«

So lange ist es nun nicht her. Aber doch schon über dreißig Jahre.

Mein Vater kommt aus Königsberg und wollte unbedingt eine Wohnberechtigung für Moskau. Ein gutes Leben und Arbeit gab es nur in der Hauptstadt.

Papas Onkel und Mamas Vater arbeiteten zusammen. Die beiden stellten ziemlich schnell fest, dass der eine eine Tochter und der andere einen Neffen im heiratsfähigen Alter hatte. Momentan sei sein Neffe als Kühlanlagenmechaniker auf einem Schiff unterwegs, erzählte Papas Onkel, komme aber demnächst zu Besuch nach Moskau und würde am liebsten in der Hauptstadt bleiben und hier eine Arbeit finden. Und eine Frau. So beschlossen beide, dass die jungen Leute sich unbedingt kennenlernen müssten. Man nennt es

»Schidduch«, quasi eine Heiratsvermittlung oder Verkupplung. Dass die Kinder jüdisch heiraten sollten, stand für meine Großeltern außer Frage.

Das Treffen wurde arrangiert und die beiden lernten sich kennen. Papa meldete sich nach dem ersten Treffen zunächst nicht. Mama wartete und wartete und wartete, blieb aber hart. Endlich kam der Anruf. Mein Vater führte meine Mutter in einen Club aus, steckte dem Türsteher einen Rubel zu und durfte mit seiner Begleiterin passieren. Meine Mutter war von dieser Coolness dermaßen beeindruckt, dass sie auf Papas Heiratsantrag mit »Ja« antwortete. Es hätte ja sonst passieren können, dass sie in ihrem zarten Alter von 19 Jahren als alte Jungfer geendet wäre. Was würden dann die Leute sagen? Die Hochzeit fand ein halbes Jahr später mit hundert geladenen Gästen statt.

Nach der standesamtlichen Trauung zog die Hochzeitsgesellschaft zum Weiterfeiern in ein Restaurant. Eine jüdische Hochzeitszeremonie wurde nicht mal erwogen. In Russland existierte nur eine Religion und das war der Kommunismus.

Mein Vater erzählt bei jedem Hochzeitstag: »Deine Mutter hat sich mir vor vielen Jahren an den Hals geworfen und kann seitdem nicht loslassen.« Meine Mutter behauptet felsenfest, dass es nicht sie war, die Papa vor vielen Jahren heiratete, sondern die Moskauer Wohnberechtigung. Diese war zu der Zeit genauso schwer zu bekommen wie Bananen in Sibirien. Wer unbedingt in Moskau leben wollte, musste jemanden heiraten, der über eine Wohnberechtigung für die Hauptstadt verfügte. Doch damit nicht genug, auch die Mieter der Wohnung, in die der Antragsteller ziehen wollte, mussten zustimmen.

Unterschiedlicher als meine Eltern kann man kaum sein. Meine Mutter drückte jeden Tag brav die Schulbank, schloss die Schule und das Jurastudium trotz der Schwangerschaft mit Auszeichnung ab und wurde Rechtsanwältin. Papa hat nie studiert und betont immer wieder, dass nicht jeder studieren müsse. Egal ob Handwerker oder Akademiker – mein Bruder und ich sollten das machen, was uns Spaß macht. Das sollten wir allerdings gut machen. Trotzdem kam für uns beide nur ein Studium infrage. Alles, was mit Bildung zu tun hatte, wurde im Familienrat besprochen. Im Grunde genommen wurde und wird dort alles besprochen und für mich steht dieses Organ bis heute auf einer Ebene mit dem Bundestag.

Die Versuche, mich über mein ach so hartes Leben zu beschweren, scheiterten immer wieder aufs Neue.

»Mum, ich kann nicht mehr. Ich hasse die Uni. Ich habe überhaupt kein Leben. Hausarbeiten schreiben, Prüfungen bestehen und dann auch noch nebenbei arbeiten. Keine Lust mehr.«

»Ich verstehe überhaupt nicht, warum du dich beschwerst! Wenn ich mir so angucke, was ihr hier machen müsst, muss ich feststellen, dass mein Studium viel schwerer war als deins. Das Studium in Deutschland ist das reinste Picknick! Außerdem hatte ich dich schon, als ich studiert habe. Keiner zwingt dich, so viel zu arbeiten, um immer die neuesten Klamotten und Nike-Turnschuhe zu besitzen. Ich habe meine erste Jeans zum 18. Geburtstag bekommen und habe die Dürreperiode davor auch ganz gut überstanden.«

Im Gegensatz zu meiner Strebermutter beschränkten sich die schulischen Leistungen meines Vaters auf ein mittleres Niveau. Sein Benehmen in der Schule war auch nicht gerade glänzend. Meine Oma erzählt, dass sie fast genauso oft zu den Schulterminen ihrer Kinder musste wie zur Arbeit. Aber da Opa als Zahntechniker einigen Lehrern meines Vaters die Zähne machte und meine Uroma die Französischhausaufgaben zu Hause übersetzte, schaffte mein Vater den Abschluss und begann eine Ausbildung. Als Kühlanlagenmechaniker fand er bald Anstellung auf einem Schiff und bereiste viele exotische Länder, bevor ich geboren wurde. Später machte er alles Mögliche, um seine Familie zu ernähren. Aufgeben kam nie infrage. Diese Arbeitsmoral wurde mit lebhaften Beispielen aus Papas Leben geschmückt und an uns weitergegeben.

»Papa, ich bin echt müde. Ich bin von der Arbeit direkt zur Uni gegangen. Kann ich das Geschirr nicht später spülen?«

»In deinem Alter habe ich überhaupt nicht geschlafen! Also mach das jetzt! Ich möchte nicht, dass Mama müde von der Arbeit nach Hause kommt und hinter dir herräumen muss!«

November

»Aber Sie haben doch keine große Nase …«

»Frau Feynberg, sind Sie Moslem?«

Da ich dunkle Haare habe und einen eher ungewöhnlichen Nachnamen, sind Fragen vorprogrammiert. Wenn ein Vorurteil auftaucht, dann sprechen wir eben darüber. Ich glaube nicht, dass es mir gelingt, damit aufzuräumen, aber vielleicht kann ich zumindest den Hass gegen Unbekanntes etwas minimieren.

»Warum spielt es eine Rolle, welche Religion ich habe?«

»Spielt nicht, aber ich wollt wissen. Also. Moslem?«

»Nein.«

»Christin?«

»Auch nicht.«

»Hä, was gibt es noch?«

»Ich bin jüdisch.«

Fatihs Augen weiten sich ins Unermessliche.

»Schwören Sie!«

»Wirklich. Meine Mutter ist jüdisch, also bin ich es auch. Außerdem dürfen Juden nicht schwören. Moslems übrigens auch nicht.«

Das sind vielleicht zu viele Informationen auf einmal. Fatih scheint überfordert zu sein.

»Warum schwörst du zum Beispiel bei jedem zweiten Satz? Und viele andere auch?«

»Aber wenn es stimmt, was man sagt, darf man!«

»Ey, ich habe noch nie einen Juden gesehen!«, schreit Emre.

Das Thema nimmt alle so sehr ein, dass sich bald eine kleine Gruppe um Fatih und mich gebildet hat.

»Woher weißt du, dass du noch nie einen Menschen jüdischen Glaubens gesehen hast? Glaubst du, sie sehen anders aus?«

»Ja, ich dachte schon so bisschen anders. Keine Ahnung. Ist übertrieben krasse Ehre für mich, Sie zu kennen!«

»Hä? Aber Sie … Sie … haben doch gar keine große Nase?«

Oh man, das ist ja düsterer, als ich angenommen habe.

»Und was lernst du daraus?«

»Wallah, nicht alle Juden haben große Nasen?«

Strike! Ziel erreicht.

»Richtig.«

»Aber es ist doch so … Alle Juden, die ich kenne, sind reich. Ist doch? Wieso ist es so?«

Das ist tatsächlich eines der vielen Vorurteile, die ich ständig zu hören bekomme. Wie auch: »Ich gehe nicht zu McDonald's, weil es Juden gehört.« Oder: »Coca-Cola gehört doch Juden? Wenn man die Schrift von rechts nach links liest und ein paar Schnörkel wegmacht, dann steht da auf Arabisch, es gibt keinen Allah.« Oder: »Gestern war doch eine Demo in Berlin. Ich habe gehört, da haben Juden Palästinenser mit Vogelkot beworfen.«

»Hä? Wie viele Juden kennst du denn? Ich kenne nur Frau Feynberg!«

»Also, ich bin nicht reich. Dann kann deine These schon mal nicht stimmen.«

»Und waren Sie schon mal in Israel?«

»Ja, sogar ziemlich oft. Und nur zur Info. Nicht alle Juden sind Israelis und nicht alle Israelis sind Juden!«

»Ja, ja?«

Völlige Überforderung.

»Ja!«

»Und wie isses da?«

»Schön und sehr, sehr heiß!«

»Hmmm … ok …«

Fatih weiß nicht recht, was er darauf antworten soll. Zu Hause wird wohl was anderes erzählt.

»Und wieso haben Sie so einen komischen Nachnamen?«

»Findest du ›Feynberg‹ komisch?«

»Ja, irgendwie schon …«

»Der kommt aus dem Jiddischen.«

»Aus dem was?«

»Aus der jiddischen Sprache. Sie klingt so ähnlich wie Deutsch. Das war die Sprache, die die Juden in Osteuropa gesprochen haben. Wie du weißt, komme ich ja aus der Ecke.«

»Krass … Ich dachte, Sie kommen aus Russland?«

»Russland liegt in Osteuropa.«

»Ah so …«

»Und woher kommt dein Name?«

»Keine Ahnung, woher soll ich das wissen?«

»Frag deine Mutter, das ist doch interessant und gehört zu deiner persönlichen Geschichte. Hausaufgabe bis morgen.«

Und schon bereut Fatih, dass er die Unterhaltung mit mir überhaupt angefangen hat.

Solche Gespräche sind wichtig, da lernt man oft mehr als im normalen Unterricht. Jetzt müssen wir aber dennoch den Wandertag für die nächste Woche planen.

»Jaaa, Ausflug!«

Ich lächele die Schüler an.

»Oh nee, Museum?«

»Ja, genau, wir gehen ins Jüdische Museum. Ein Jahr lang Weltreligionen im Ethikunterricht zu behandeln, reicht nicht. Ihr müsst doch auch was sehen!«

»Wenn es sein muss … Aber dann müssen wir auch Moschee gehen. Gleiche Rechte.«

Einen Moscheebesuch muss ich unbedingt ins Programm einbauen. Viele Schüler leben die Traditionen, wissen aber nicht immer, woher diese stammen und aus welchem Grund man sie befolgt.

»Warum dürft ihr kein Haribo essen?«

»Ist nicht helal.«

»Wann ist denn ein Nahrungsmittel helal?«

»Ja, keine Ahnung. Helal und nicht helal halt.«

Viele befolgen vieles. Erklären warum, kann kaum einer. Christen wissen ja auch oft nicht, warum man Ostern feiert, und Juden nicht, warum Jungen ausgerechnet am achten Tag beschnitten werden. So etwas nicht zu wissen ist ja nicht schlimm. Hauptsache ist doch, dass man ein bisschen Interesse daran hat. Gerade dann, wenn man nach diesen Traditionen lebt.

»Frau Feynberg, können wir koschere Gummibärchen und helal Gummibärchen im Unterricht essen und Geschmack vergleichen?«

»Klar, warum nicht.«

Nachdem ich also ein ganzes Jahr lang Christentum, Islam und Judentum in Ethik durchgenommen, die Kinder von ihren Traditionen und Erfahrungen und ich von meinen erzählt habe, fange ich eines Tages einen Zettel im Unterricht ab, der zwischen zwei Schülern hin und her gereicht wird.

Sie beleidigen einander und scheinen sich einen Wer-kennt-mehr-Schimpfwörter-Wettbewerb zu liefern. Ich entfalte das Blatt und sehe mit Großbuchstaben »DU JUDE«. Na super, da ist ja viel hängen geblieben. »Jude« wird leider immer mehr zum gängigen Schimpfwort im Klassenzimmer. Ich zucke jedes Mal zusammen, wenn ich es höre. Das ist dann so wie in den Filmen über den Holocaust, in denen SS-Männer brüllen: »Du Jude, auf die Knie!«

»Frau Feynberg, regen Sie sich nicht auf. Ich meine nicht Sie. Das ist doch gar nicht böse gemeint, das sagt man eben so!«

Ja, das sagt man eben so. Weil man keine Ahnung hat, was das Judentum ausmacht, Juden mit der Politik Israels gleichstellt und noch nie vorher einen Juden gesehen hat. Hier, so sieht also eine Person, die jüdisch ist, aus. Genauso wie ihr alle. Mit Ohren, Händen, Füßen – ein Mensch eben.

Ich bin echt sauer, was muss man denn noch alles machen, damit sie diese blöden Beleidigungen lassen? (»Schwuchtel« und »Zigeuner« gehen in dieselbe Richtung und machen mich genauso wütend!) Ich weiß es nicht, ich weiß nicht mal, ob man diese aggressiven Äußerungen jemals ganz in den Griff bekommt. Was tun?

Viele Möglichkeiten habe ich nicht. Eigentlich bleibt mir nur zu reden. Also halte ich mal wieder einen Vortrag. Darüber, wie enttäuscht ich bin. Warum muss man eine Religion als Beleidigung benutzen? Das ergibt doch überhaupt keinen Sinn! Und weil ich wirklich so frustriert und auch irgendwie müde von dieser ständigen Erziehung bin, gehe ich raus und knalle mit der Tür. Sofort laufen Umut und Tuncer mir nach.

»Frau Feynberg, Frau Feynberg!«

»Was?«

»Wir waren es!«

»Sehr schön Jungs, habt ihr super gemacht!«

Ich bin immer noch sauer, muss mir aber eingestehen, dass es eine starke Leistung ist, ein Vergehen zuzugeben.

»Es tut uns voll leid. Wir wollten Sie nicht beleidigen. Das sagt man halt so und wir haben nicht nachgedacht.«

Immer diese Ausrede: »Das sagt man halt so und wir haben nicht nachgedacht.«

Na dann …

»Frau Feynberg, Sie haben doch bald so ein Feiertag?«

»Ja, Chanukka.«

»Ist es so was wie Weihnachten?«

»Überhaupt nicht, das kann ich euch ja ein anderes Mal erzählen, wenn es euch interessiert!«

»Auf jeden Fall wollten wir Ihnen mal Herzlichen Glückwunsch und so sagen! Herzlichen Glückwunsch zu Chanukka!«

Bereit? Immer bereit!

Meine Schulzeit in Russland war ganz anders als die der Schüler hier in Berlin. Disziplin, Zucht und Ordnung erlebte man dort von der ersten Minute an, wenn man das Schulgebäude betrat. Mit dem Klingeln wurde ich eine von vielen, Angehörige einer festen Gemeinschaft, an der nicht zu rütteln war. Von einer Ruhe, wie ich sie in meiner damaligen Klasse erlebt habe, kann ich in meinem Unterricht heute nur träumen. Wir waren still, strebten nach guten Noten und haben uns brav gemeldet, wenn wir etwas zum Thema beitragen wollten. Und wir haben gelernt. Zum Beispiel wurde mir beigebracht, richtig schnell zu lesen. Ich lese eine Buchseite sehr flott und kann dann auch noch wiedergeben, was da steht. Für 600 Seiten brauche ich zwei Tage. Zwei Arbeitstage, an den arbeitsfreien Tagen geht es schneller. In der sowjetischen Schule mussten wir auf Zeit lesen. Die Zeit wurde gestoppt und die Wörter wurden gezählt. Wenn nicht die ausreichende Menge an Wörtern pro Minute erreicht wurde, dann musste jeder Schüler eben noch mal lesen. Immer wieder. Ohne Widerrede.

Allerdings haben wir im Unterricht nicht aus Respekt vor unseren Lehrern mitgemacht, sondern aus purer Angst vor den Konsequenzen nach möglichem Fehlverhalten. Wir haben nicht einfach den Arm in die Höhe gestreckt, ein paarmal mit den Fingern geschnipst und dann etwas dazwischengerufen. Wir mussten kerzengerade sitzen, die Füße parallel zueinander stellen, die Arme vor uns auf den Tisch aufeinanderlegen und bei einer Meldung musste der Ellbogen den Tisch berühren, sodass nur die Hand zur Decke schaute. Wir machten das, was man von uns verlangte. Nachfragen und Zweifeln gehörte nicht dazu. Wir wussten nicht, dass Schule auch anders sein kann.

Ich besuchte eine Spezialschule, in der bereits ab der zweiten Klasse Englisch unterrichtet wurde und die zweizügig geführt wurde. In anderen Schulen wurden teilweise mehrere Sprachen unterrichtet. Je nach Klasse lernten die Kinder Englisch, Französisch oder Deutsch. Bei uns wurde nur Englisch gelehrt. In den Spezialschulen gab es kleine Lerngruppen. Ich hatte das Privileg, mit nur 24 anderen Kindern in einer Klasse zu sitzen. Das ist für mich heute alles andere als klein, aber damals war das wohl die ideale Klassenstärke. Bei der in dieser Schule vorherrschenden Disziplin hat der Unterricht in einer 25-Schüler-Klasse wahrscheinlich tausendmal besser funktioniert als in einer Berliner Klasse, in der nur 16 Schüler unterrichtet werden. Es gab auch Schulen, deren Klassen 35 bis 40 Schüler umfassten und die sechszügig geführt wurden. Die große Schülermenge wurde in Schichten unterrichtet. So fingen die Ersten um acht Uhr morgens mit dem Unterricht an und die Letzten beendeten den Unterricht spätabends. Da meine Schule recht klein war, haben wir alle um acht Uhr mit dem Unterricht begonnen.

Ich hatte Angst vor der Reaktion meiner Eltern, wenn ich mal eine schlechte Note nach Hause brachte – sowohl in Russland als auch in Deutschland. In seltenen Fällen gab es eine Zwei, die der deutschen Fünf entspricht. Dann waren meine Eltern unheimlich sauer und ich habe mich geschämt.

Wir konnten zwar dem Unterricht in Ruhe folgen, aber dafür das Wort Freiheit nicht mal buchstabieren, denn wir wurden zu staatstreuen Patrioten erzogen. Das Märchen vom kommunistischen Paradies wurde uns bereits beim Schuleintritt erzählt. So wollte man sichergehen, dass die Kinder früh den richtigen Weg gingen und nicht abtrünnig wurden. Das Fach »Geschichte der UdSSR« durfte im sowjetischen Stundenplan nicht fehlen. Da ging es um die Geschichte der Partei und um die Theorien von Marx, Engels und Lenin. Des Weiteren wurden zahlreiche Dokumente untersucht, die etwas über die Parteitage berichteten. Auch in den Universitäten und Fachhochschulen wurde die »Geschichte der Kommunistischen Partei« gelehrt, unabhängig davon, welches Studienfach man eigentlich belegte. Jeder, der etwas werden wollte, musste der Partei angehören. Daran führte kein Weg vorbei. Mein Uropa Miron war Juraprofessor und natürlich Parteimitglied. Auch mein Opa, der es »nur« mit einem Fachhochschulabschluss in die höchsten Ränge seiner Baufirma schaffte, musste Mitglied werden.

Während des Zweiten Weltkrieges war unsere Schule eine Militärschule gewesen. Vor dem Gebäude wurde ein Denkmal errichtet, das allen umgekommenen Schülern der Militärschule gewidmet war. An jedem ersten September, dem Tag des Schulanfangs, versammelten sich dort Schüler und Lehrer. Rote Nelken waren Pflicht. Nach der Zeremonie, die das neue Schuljahr einläutete, legten wir sie am Denkmal ab, um unsere Verbundenheit zum Vaterland zu demonstrieren. Bei allem Respekt vor den Opfern des Zweiten Weltkrieges: Seit meiner Einschulung kann ich keine roten Nelken mehr sehen. Außerdem sind Schultüten viel spannender.

Mit der sogenannten »Linie« und dem »ersten Gong«

oder dem »letzten Gong« wurde ein Schuljahr begrüßt und verabschiedet. Wir stellten uns klassen- und reihenweise in der Schulaula auf. Ein gut gebauter Zehntklässler nahm eine Erstklässlerin auf seine Schulter. So lief er zu der Glocke und sie zog an der Schnur, sodass ein Gong ertönte. Die Abschlusszeremonie fand immer am 31. Mai statt, dem letzten Tag vor den Sommerferien.

Zur sowjetischen Schule gehörten nicht nur rote Nelken, sondern auch Schuluniformen. Ich besaß zwei braune Kleider und musste – je nach Anlass – eine schwarze oder eine weiße Schürze dazu tragen. Mit weißen Kniestrümpfen. Unfassbar hässlich. Dazu kamen riesige Schleifen an den Zöpfen. Zu den Feiertagen waren diese Schleifen weiß und an den anderen Tagen schwarz. Die Jungs trugen mausgraue Hosen, die aus festem Material geschneidert waren. Diese waren zwar weniger hässlich, aber genauso unnötig wie die restliche Uniform. Ich hasste sie und zog sehr gern die neuen Klamotten an, die mir unsere Verwandten aus den USA schickten. Auch mein Bruder blieb nicht außen vor. Wegen derselben Verwandten war er mit seinen Reebok Sneakers im Alter von einem Jahr das coolste Baby weit und breit. Aufgrund der willkürlich ausgesuchten Anziehsachen war ich regelmäßig Gast beim Schuldirektor, der mich tadelte und mich immer wieder anwies, die blöde Uniform zu tragen.

Bis zur dritten Klasse war man in der Schule »Oktjabronok«, also Oktoberkind, weil im Oktober 1917 die große russische Revolution stattgefunden hatte. Natürlich schmückte jedes Klassenzimmer ein Porträt von Deduschka Lenin, also Opa Lenin. Bis zur vierten Klasse trugen wir zusätzlich ein Abzeichen über unserem Herzen mit dem Foto von Lenin, auf dem er als Kind abgebildet war. Lenin, der den sozialistischen Arbeiter-und-Bauernstaat errichtet hatte und vom gesamten Land als Held verehrt und gefeiert wurde. Zumindest sollte dieser Anschein erweckt werden. Er schien überall zu sein und überwachte unsere Liebe zum Vaterland. Seine aufgebahrte Leiche liegt bis heute in einem Sarg aus Glas in einem Mausoleum auf dem Roten Platz in Moskau. Ich wollte ihn unbedingt sehen, als ich in Moskau zu Besuch war – und war enttäuscht.

In der dritten Klasse wurde ich bei den Pionieren aufgenommen. Das war die nächste Stufe der Kontrolle und Überwachung der Jugendlichen. Ich bekam ein rotes Halstuch und durfte das ungeliebte braune Kleid endlich gegen ein weißes Hemd und einen blauen Rock eintauschen. Ich war so stolz! Wir alle hatten so lange darauf gewartet! Ich stand jeden Tag lange vor dem Spiegel und übte das Binden des Halstuchs. Schließlich sollte und musste es perfekt aussehen. Bei einem häufigen Ritual fragte man uns: »Bereit?«. Wir antworteten im Chor »Immer bereit!« und hoben unseren rechten Arm zum Pioniergruß. Wozu man da angeblich bereit war, darüber machte ich mir keine Gedanken. Es spielte eigentlich auch keine Rolle. Wenn alle bereit waren, dann war ich es eben auch. Meine ganze Aufmerksamkeit galt diesem tollen Halstuch, das ich endlich tragen durfte. Welch Freude! Stolz spazierte ich nach Hause und führte meinem Vater den neuen Besitz vor. Er konnte meine Freude überhaupt nicht teilen, nicht mal ein Lächeln konnte ich ihm entlocken. »Zieh das Ding aus, du weißt nicht, was sie mit dir machen!« Ich wusste es wirklich nicht und war beleidigt, weil er meinen Stolz auf das rote Halstuch nicht nachvollziehen konnte. Etwa ein Jahr später verließen wir Russland.

Die dritte und letzte Stufe wurde erreicht, wenn man als Schüler mit etwa 14 Jahren in den »Komsomol« aufgenommen wurde. Von 14 bis 28 Jahren war man also ›Komsomolez‹. Danach konnte man nur noch Parteimitglied werden. Ich blieb wegen unserer Ausreise nach Deutschland davon verschont.

Dezember

»Kann man auf Mond Praktikum machen?«

Das Praktikum steht an. Seit Monaten wissen die Schüler, wann es stattfindet und was sie beachten müssen. Bis jetzt haben vier von 26 einen Platz.

»Ihr solltet euch zu Hause überlegen, in welcher Branche ihr das Praktikum machen wollt. Fatih, wie sieht es aus?«

»Aaaaler, Frau Feynberg, was das? Wir hatten doch gerade Sport. Ich muss noch essen, trinken. Mach ich dann, wenn wir große Pause machen. Aber vorher kann ich doch nicht nachdenken!«

»Du solltest dir zu Hause Gedanken machen und nicht jetzt nachdenken.«

»Ja, aber ich hab zu Hause nicht nachgedenkt und hier ist Pause zu kurz. Sogar auf dem Mars haben Außerirdische mehr Freizeit!«

»Ah ja? Hast du sie dort besucht oder woher kommt deine Information?«

»Ich hab so Kontakte, wissen Sie?«

»Eigentlich will ich das gar nicht wissen.«

»Ich erzähl Ihnen trotzdem!«

»Erzähl mir lieber was zum Thema ›Praktikum‹!«

»Kann man auf Mond Praktikum machen?«

»Leute, bleibt ernst. Ihr braucht alle einen Praktikumsplatz und es bleibt nicht mehr viel Zeit!«

Tuncer ordnet seit Beginn der Stunde seine Ordner. Die dritte Stunde in Folge bei mir. Einheften, ausheften, irgendwas eintragen. Ich frage mich, woher die ganzen Blätter kommen. Er scheint sehr konzentriert zu sein und nimmt die Ordnung wohl sehr ernst, da darf man eigentlich nicht meckern. Würde das nur nicht in meinem Unterricht stattfinden! Plötzlich scheint ihm ein Gedanke zu kommen …

»Aber Frau Feynberg, ich verstehe nicht.«

»Was genau verstehst du nicht?«

»Es ist doch *der* Chef, nicht *die* Chef?«

»Der Chef, richtig.«

»Aber ich hab gestern bei Internetcafé gefragt und die haben gesagt so, Frau Irgendwie ist nicht da und ich soll heute kommen!«

»Ja und? Wo ist die Frage?«

»Ja Chef ist doch immer Mann und die haben eine Frau! Ich mach doch nicht bei eine Frau Praktikum! Ich mach doch nix, was mir eine Frau sagt. Denkt die, die kann Befehle erteilen?«

Tuncer grinst über beide Ohren.

»Tuncer, ich bin auch eine Frau und bei uns beiden funktioniert es auch ganz gut! Das wirst du schon überleben. Und wahrscheinlich wird es nicht das letzte Mal in deinem Leben sein, dass du eine Frau siehst, die etwas zu sagen hat.«

»Niemals! Aber Praktikum bei Internetcafé geht, oder?«

»Das meinst du doch hoffentlich nicht ernst?«

»Hä? Wieso nicht?«

»Weil wir möchten, dass ihr euer Praktikum in einem Ausbildungsbetrieb absolviert!«

»Ey Tuncer, du kannst bei mir Praktikum machen! Ich bin Chef!«

»Max, danke für deine Anmerkung. Du kriegst es nicht

mal hin, das Datum und die Überschrift auf dein Blatt zu schreiben und willst gleich Chef spielen?«

Max kritzelt halbherzig irgendwas auf das Blatt.

»Max, der sechste Monat ist der Juni. Da sind wir schon lange nicht mehr!«

»Ah so … Welchen Monat sind wir?«

»Denk mal scharf nach …«

»Du Spast, du Elender, kannst du nicht zählen? Wir sind Dezember, du Hässlicher!«

»Das hast du aber schön gesagt, Zamir!«

»Ja, ich bin ja auch King!«

»Ey, sind wir schon zwölften Monat? Ich bin irgendwie hängen geblieben bei sechste!«

In der Pause steht plötzlich ein ziemlich großer und breiter Typ vor mir und lächelt mich an.

»Frau Feynberg? Wie geht's Ihnen?«

»Ähhhmmm, gut …«

Ich mache wohl einen sehr verunsicherten Eindruck.

»Erkennen Sie mich nicht?«

Ich gucke ratlos.

»Ich bin's. Osman.«

»Aha.«

»Wir haben uns nur ganz kurz gesehen. Sie haben damals als Lehrerin angefangen und ich hab Abschluss gemacht.«

»Du bist mir auch sehr bekannt vorgekommen! Wir beide hatten aber nie die Ehre, oder?«

»Hä? Wie Ehre?«

»Na, ob ich dich unterrichtet habe?«

»Ah so, nee … Wir kennen uns nur so von ›Hallo‹ und ›Tschüss‹.«

»Ist ja auch egal, wie geht's dir? Was machst du? Wo bist du?«

»Schlecht geht's!«

»Warum?«

»Ich hab damals voll den schlechten Abschluss gemacht. Hab da probiert und hier probiert und irgendwie wollte mich keiner. Jetzt muss ich so Drecksjobs machen. Wieso sollten die mich auch nehmen, mit so schlechten Noten?«

»Oh je, das hört sich traurig an. Ich wünschte, ihr alle würdet es früher begreifen.«

»Ja, ich weiß. Richten Sie mal Ihrer Klasse aus, die sollen lernen. Sonst kriegen die keinen Job und das ist echt nicht lustig!«

»Verlass dich drauf, von dieser Begegnung werde ich ihnen auf jeden Fall erzählen. Was machst du hier überhaupt?«

»Wollt nur ›Hallo‹ sagen, hatte nichts Besseres zu tun.«

In der festen Absicht, dies meinen Schülern mitzuteilen, mache ich mich auf den Weg in die Klasse. Mirko liegt auf dem Tisch und tut so, als würde er schlafen. Ich gehe ganz nah an sein Ohr: »Buh!«

Mirko springt auf und fällt fast vom Tisch. »Aaaaler, was los mit Ihnen?«

»Was ist los mit dir? Strandurlaub oder was?«

»Cüüüs, kann man sich nicht mal kurz hinlegen? Hat doch noch gar nicht geklingelt!«

»Natürlich hat es geklingelt! Bereits vor drei Minuten! Bist du gerade eingeschlafen?«

»Nein, man, ich war wach! Es hat nicht geklingelt, das sagen Sie extra.«

Justin kommt mir zur Hilfe: »Natürlich hat es geklingelt, diskutier doch nicht über alles!«

»Ich hasse Schule!«, stöhnt Mirko.

In dem Moment kommt Önder rein, gute fünf Minuten zu spät. Er beeilt sich nicht, spaziert zu seinem Tisch, zieht

Isabel an den Haaren und nimmt auf dem Weg einen Stift von Can mit.

»Önder?«

»Was!«

»Wo sind denn deine Sachen?«

»Ich hab heute kein Bock auf Schule. Ich konnte sooo nicht aufstehen! Ich schwör, ich kann heute nicht schreiben, also habe ich alles zu Hause gelassen. Sonst nur schlecht für den Rücken, wenn ich so viel trage.«

Ich schaue ihn fassungslos an. So viel zum Thema, die Eltern würden Önder jeden Morgen kontrollieren.

»Wieso gucken Sie so? Wenigstens bin ich ehrlich!«

»Ich fasse zusammen: unpünktlich, ohne Materialien und ehrlich. Was meinst du, wie lange du bei einer Arbeitsstelle bleibst, mit diesen Eigenschaften?«

»Ja und? Mir doch egal.«

Jetzt ist der richtige Moment gekommen, ich erzähle der Klasse von der Begegnung mit Osman. Dass sie nur noch zwei Jahre vor sich haben, die schnell vergehen werden, dass ohne Abschluss die nächste Station Jobcenter heißt und und und. Das Übliche eben. Önder schaut mich gelangweilt an.

»Ich schwör auf mein Leben, dieser Junge da, der Elende, der hat bestimmt keine Freunde! Deswegen hat er verkackt!«

»I'm sexy and I know it«

»Wenn ich groß bin, mache ich zehn Kinder und schicke sie hier in die Schule, damit sie Sie stressen! Wie Sie uns hier stressen! Boooah!«

»Gut, Betül, dass du schon deine Pläne für die Zukunft ansprichst! Dazu kommen wir noch im Verlauf dieser Stunde. Aber … wenn ich schon bei dir bin: Wo ist die Unterschrift deiner Eltern?«

»Welche Unterschrift?«

Das darf doch nicht wahr sein! Ich werde lauter: »Die Info für den Elternabend! Hast du die Unterschrift?«

»Boah, haben Sie schlecht geschlafen? Was sind Sie denn heut so aggressiv!«

»Das ist noch nicht aggressiv! Wenn ich einmal aggressiv werden sollte, dann hört sich das anders an! Noch bin ich die netteste Person in ganz Berlin! Eigentlich heißt es: ›Entschuldigen Sie bitte, dass ich die Unterschrift nicht dabeihabe. Ich bringe sie auf jeden Fall morgen mit!‹«

Betül schluckt und antwortet ganz leise: »Hab nicht.«

»Mit welcher Begründung?«

»Weiß nicht.«

»Und wer weiß es dann?«

»Weiß ich doch nicht, was wollen Sie denn?«

Ich atme tief durch und fange neu an: »Nun ist ja jeder auf seinem Platz angekommen. Es ist nicht der gesamte Schultag darauf verwendet worden, das ist doch schon mal gut. Wir können uns also endlich eurer Zukunft widmen.«

»Wie, Zukunft? Morgen und so?«

Ich erkläre der Klasse, was ich möchte. Sie sollen ihre momentanen Interessen erläutern und dann aufschreiben, wo sie sich in zehn Jahren sehen. Beruflich und privat. In den nächsten Minuten prasseln zahlreiche Fragen und Infos auf mich ein. Allerdings andere, als ich mir erhofft hatte.

»Ich hab nix verstanden. Was sollen wir machen?«

»Wie Seite quer nehmen?«

»Wie alt bin ich in zehn Jahren?«

Die Schüler bringen mich immer wieder zum Lachen. Trotz allem. Jetzt reden alle durcheinander. Sogar die sonst leise Nathalie sagt etwas.

Abdul schreit: »Die Aufgabe ist so ohne Sinn! Wovon soll ich wissen, was ich in zehn Jahre mache?« Dann scheint er doch noch eine Lösung gefunden zu haben.

»Ich weiß jetzt, was ich in zehn Jahren mache!«

»Und zwar?«

»Ich werde dann Ku'damm laufen und singen: ›I'm sexy and I know it‹!«

Kurz bevor es klingelt, sage ich die Hausaufgabe an.

»Heute habt ihr alle bewiesen, dass ihr unglaublich zuverlässig seid! Deswegen schreibt euch die Hausaufgabe ganz groß auf und *jeder* macht sie bitte! Bis morgen!«

Dann meldet sich Mirko und meine Hoffnung auf Hausaufgaben platzt. Wie eine Seifenblase.

»Frau Feynberg, ich hab kein Stift, können Sie mir SMS schreiben, damit ich Hausaufgabe nicht vergesse?«

IN DER OBHUT MEINER GROSSELTERN

In der ehemaligen Sowjetunion gab es Pionierlager, in denen Kinder und Jugendliche einen Monat lang einen Teil ihrer Sommerferien verbringen konnten. Meine Uroma war Kinderärztin. Sie konnte ihren Verdienst aufbessern, indem sie die Kinder dort medizinisch versorgte. Als meine Mutter klein war, nahm ihre Großmutter sie manchmal mit. Diese Möglichkeit der Freizeitgestaltung wurde von den meisten Familien in der ehemaligen Sowjetunion in Anspruch genommen. Was genau in einem Pionierlager geschah, kann ich nicht sagen. Ich war nämlich nie dort.

Meine Schulferien verbrachte ich in der Obhut meiner Großeltern. Die ganze Familie war der Meinung, dass ich es bei meinen Großeltern besser haben würde als in irgendeinem Pionierlager. Sie sagten, es sei viel sinnvoller, die Ferien auf der Datscha, in der freien Natur zu verbringen als »weiß Gott wo«. Außerdem könne man so kontrollieren, dass das Kind gesund bleibe und ausreichend esse. Da meine Großeltern in den Sommerferien abwechselnd Urlaub nahmen, um auf mich aufzupassen, bestand auch keine Notwendigkeit, mich woandershin zu verfrachten.

Meistens verbrachte ich die Zeit mit den Eltern meiner Mutter auf unserer Datscha in der Nähe von Moskau, in Scheremetjewo. Die Datscha war ein Traum für Kinder. Das Dorf gehörte zwar zum Großraum Moskau, man spürte aber nichts von der gehetzten Metropole. Die Datscha stand auf einem Grundstück mit vielen Bäumen und Sträuchern. Wir bewohnten allerdings nur ein Viertel dieses Hauses. Als meine Urgroßeltern mit meinem Opa aus der Ukraine nach Moskau geflüchtet waren, hatten sie diesen Teil gekauft und dort ihre drei Söhne aufgezogen.

Es gab einen Vorraum, eine Terrasse und eine Küche, durch die man in den eigentlichen Wohnraum gelangte. Auch hier wimmelte es von Mäusen. Jedes Mal, wenn eine in eine Falle tappte, präsentierte sie mir mein Opa, bevor sie in den Müll wanderte. Ekelhaft, aber als Kind habe ich auf dieser kleinen Präsentation bestanden. Als ich vier Jahre alt war, baute mein Opa eine richtige Toilette in eine Ecke der Küche. Das war eine kleine Sensation, denn davor mussten alle das Klo im Garten benutzen.

Das Zimmer war nicht besonders groß, aber alles Lebensnotwendige war vorhanden. Irgendwie konnten dort manchmal sogar fünf Personen schlafen. Mama, Papa, meine Großeltern und ich. Später auch mein kleiner Bruder. An der Wand hing ein großer Teppich, was in Russland keine Seltenheit war. Angeblich blieb so die Wärme im Raum. Auch ein kleiner Schwarz-Weiß-Fernseher und ein Radio standen dort. Die Erwachsenen hörten regelmäßig Nachrichten und ich guckte meine Lieblingssendung, nämlich »Spokojnoj nochi Malyshi«, so etwas Ähnliches wie »Das Sandmännchen«. Ich sang das Titellied mit, lauschte den lustigen und wissenswerten Geschichten, die von Handpuppen erzählt wurden und guckte den Zeichentrickfilm, der darauf folgte. Erst dann konnte ich beruhigt einschlafen.

Das Beste war aber der Garten. Ich konnte mich dort stundenlang aufhalten, nach Beeren suchen und Äpfel pflücken.

Ich sagte meinen Großeltern, ich führe jetzt nach Himbeer- oder Johannisbeerland und verabschiedete mich für mindestens eine Stunde. Irgendwann schloss ich Freundschaft mit den Nachbarskindern und begab mich mit ihnen auf Beeren- und Obstreise. Es war eine tolle Zeit und eine andere Welt. Wir fuhren Fahrrad, spazierten in den noch unbefestigten Straßen, spielten am Teich mit Fröschen und gingen in den Wald, um Pilze zu sammeln. Manchmal bekam ich ein wenig Geld und durfte mir in den beiden Läden an der Zugstation etwas aussuchen. Die Auswahl war nicht groß, aber es war trotzdem ein Erlebnis, wie eine Erwachsene dorthin zu gehen und etwas zu kaufen. Es gab sogar ein Kino im Dorf, am Rande des Waldes. Der Eintritt kostete fünfzig Kopeken. Das war ein kleines festliches Ereignis: Einen Kinderfilm auf der großen Leinwand ansehen!

Aber auch nach Kaliningrad, in die ehemals deutsche Stadt Königsberg, fuhr ich regelmäßig. Schließlich musste ich drei Monate beschäftigt werden. Dort lebten die Eltern meines Vaters und weitere Verwandte. Entweder meine Großeltern kamen nach Moskau und holten mich dort ab oder meine Eltern brachten mich mit dem Zug oder mit dem Flugzeug hin. Manchmal blieben sie auch ein paar Tage in Kaliningrad, was mir den Abschied von ihnen noch schwerer machte. Normalerweise war ich wirklich stark, wenn ich meine Eltern gehen lassen musste. Aber es gab Ausnahmen. Meine Mutter brachte mich eines Sommers nach Kaliningrad und blieb, weil sie das Konzert von Walerij Leontjew, einem russischen Sänger, besuchen wollte. Sie und meine Oma gingen zu der Veranstaltung und ich blieb bei meinem Opa. Ich schrie wie am Spieß. Ich wollte ohne Mama einfach nicht schlafen. Mein Opa sollte auf dem Konzert anrufen und Mama nach Hause holen! Opa rief dort zwar nicht an, aber bei seiner Schwester, da er allmählich die Nerven verlor und keine Lösung wusste. Zu zweit haben sie es dann doch geschafft, mich ins Bett zu bringen. Ich vermisste meine Eltern meist schrecklich, aber nur in den ersten Tagen. Dann vergaß ich sie schnell und ließ mich auf das Freizeitprogramm meiner Großeltern ein.

Und natürlich musste ich auch hier, in Kaliningrad, sämtliche Museen besuchen. Erst ins Museum, dann in den Zoo. Nie umgekehrt. Das Bernsteinmuseum wurde meine Pilgerstätte. Nach ein paar Sommern konnte ich genau sagen, wo welches Exponat stand. Die Zeit in Königsberg war intensiv und prägend, nach ein paar Sommern kannte ich die Stadt in- und auswendig.

Meine Großmutter aus Königsberg war auch dafür verantwortlich, dass ich mit vier Jahren lesen konnte. Die Buchstaben des Alphabets beherrschte ich schon früher, die hatte mir meine Mutter beigebracht. Bei meinem Bruder blieben die Bemühungen erfolglos. Als Mama einmal auf einen Buchstaben zeigte und ihn fragte, welcher das sei, antwortete er: »Ein schlechter!« Er lernte erst in der Schule lesen. Wie man heute sehen kann, hat ihm das späte Lesenlernen nicht geschadet. Fürs Promovieren hat es gereicht.

Januar

»Schwören Sie, war schwer für Sie, zwei Wochen ohne mich?«

Es ist der Tag nach den Weihnachtsferien. Der erste Schultag im neuen Jahr. Ich gehe die Treppe hoch zum Klassenraum. Keiner meiner Spezies springt auf der Treppe herum, keiner steht vor dem Raum, keiner schreit, keiner schubst. Alles leise. Komisch, so eine Ruhe. Und das direkt nach den Ferien. Sehr auffällig. Ich stehe vor der Tür. Alles ist still, in der Klasse brennt kein Licht. Schwänzen sie alle? Haben sie sich verlaufen oder den Raum nicht gefunden? Ich beschließe, mein Glück zu versuchen, drücke die Türklinke hinunter und öffne langsam die Tür. Alle Schüler sitzen mucksmäuschenstill auf ihren Plätzen.

»Cüüüüs, Frau Feynbeerg! Wie haben Sie uns gefunden?«

»War nicht sooo schwer, ehrlich gesagt. Schließlich ist es euer Klassenraum.«

Lachen, Schreie, Proteste. Der Alltag hat uns wieder.

Ich sehe erfreut, dass auch Tuncer pünktlich an seinem Platz sitzt. Er bessert sich tatsächlich. Hoffentlich. Das Gespräch mit dem großen Bruder hat also doch was gebracht. Seine Eltern konnten mal wieder nicht kommen. Arbeit, Termine, Krankheit. Es gibt immer eine Erklärung, warum man nicht zu einem Gespräch mit der Lehrerin in die Schule kommen kann. Wenigstens konnte ich mich mit dem Bruder auf

Deutsch unterhalten und musste mich nicht um einen Dolmetscher kümmern. Gerade für Tuncer ist es so wichtig, sich kontrolliert zu fühlen und zu wissen, dass Eltern und Lehrer am selben Strang ziehen. Zu Hause erzählt er das eine, in der Schule das andere. Und er besitzt zwei Mitteilungshefte. Ich schreibe Romane rein, den Eltern wird ein leeres Heft gezeigt. Schon ist Tuncers Tag gerettet. Leider können wir die Eltern nicht zwingen, sich um das Wohl ihrer Kinder zu kümmern. Also bestellt man den großen Bruder ein und hofft, dass dieses Gespräch irgendeine Wirkung zeigt. Pünktlichkeit sollte aber eigentlich selbstverständlich sein. Ich bin noch nicht dahintergekommen, ob man selbstverständliche Dinge loben oder es lassen sollte.

»Sehr schön, dass du gleich am ersten Tag pünktlich kommst. Ich hoffe doch, dass es ab jetzt immer der Fall sein wird.«

»Inshallah. Was haben Sie in Ferien gemacht? Schwören Sie, war schwer für Sie zwei Wochen ohne mich?«

»Ich konnte den heutigen Tag gar nicht erwarten und hätte nicht gedacht, dass ich die zwei Wochen überstehen kann. Kaum zu glauben, aber ich habe es tatsächlich geschafft!«

Tuncer grinst zufrieden. Hoffentlich versteht er die Ironie in meiner Aussage.

»Ich wollt eigentlich in Ferien …«

»Ja?«

»Ich wollt Sie bei Facebook schreiben!«

»Gut, dass du das nicht gemacht hast.«

»Wieso?«

»Weil ich etwas Ruhe brauchte!«

»Warum?«

»Weil du und ich und alle *Ferien* hatten. Das bedeutet, wir beide haben keinen Kontakt. Weder telefonisch, noch live, noch online. Es sei denn, du befindest dich in einem Krankenhauszimmer oder in einer Gefängniszelle, aus der ich dich dringend befreien muss. In diesen beiden Fällen kannst du mich sogar anrufen.«

»Aber … wenn …«

»Nein, nichts wenn. Andere Fälle existieren nicht, Ausnahmen gibt es nicht.«

»Scheißendreck. Vielleicht muss Sie aber dringend was fragen! Wegen Geschäfte und so?!«

»Jedenfalls nicht in den Ferien!«

Tuncer senkt den Kopf und sagt ganz leise: »Ok …«

»Was hast du denn in den Ferien gemacht, Tuncer?«

»Gezockt.«

»Computerspiele gespielt?«

Welche Spiele genau das sind, frage ich lieber nicht. Zu hoch ist die Wahrscheinlichkeit, dass sie erst ab 18 erlaubt sind.

»Ja, was denn sonst? War geil.«

Nach dem kleinen Tief gerade eben ist Tuncer wieder bestens gelaunt.

»Hätte ja sein können, dass du ein Buch gelesen hast?«

»Wallah Buch, was das?«

»Das sind ganz viele Seiten mit Buchstaben, die zu einem Ganzen gebunden sind. Und meistens sind auch interessante Informationen drin.«

»Cüs, übertreiben Sie ma nicht Ihre Rolle! Ich weiß doch, was ein Buch ist, ich bin Playboy. Aber Counter Strike hat auch Informationen. Soll ich ein Spiel in die Schule mitbringen und Sie zeigen?«

»Auf keinen Fall!«

»Wieso denn nicht? Gar nix dürfen wir. Nur lernen.«

Richtig erkannt.

»Guten Morgen, Melina, wie waren deine Ferien?«

»Waren normal und Ihre?«

»Meine waren sehr schön, danke!«

»Sie haben es gut! Eigentlich waren meine langweilig. Immer so und so. Irgendwie immer das Gleiche.«

»Also, mir war gar nicht langweilig«, sagt Nafisa und guckt traurig. »Immer wenn Ferien sind, muss ich oberviel machen. Schwester kümmern, kochen, putzen. Da kann ich nicht sagen, ich muss Hausaufgaben machen oder so. Schule ist besser.«

Viele der Mädchen müssen tatsächlich den ganzen Haushalt schmeißen und haben aus diesem Grund keine Zeit für Schularbeiten.

»Schuuu, Frau Feeeynbeerg!«

»Auch dir guten Morgen, Emre!«

»Guten Morgen. Ich habe Sie mit Ihre Bruder in Ferien, in Karl-Marx-Straße gesehen.«

Ich gucke etwas verwundert. Also fragt Emre vorsichtshalber noch einmal nach: »Sie haben doch ein Bruder? So ein großer.«

»Ja, habe ich. Es kann gar nicht sein, ich war nämlich fast die ganzen Ferien über verreist und mein Ziel war nicht die Karl-Marx-Straße.«

Emre fängt an, hysterisch zu lachen. »Aller, Frau Feynberg, ich hab Sie verarscht! War nur Witz!«

»Ey, Frau Feynberg, kennen Sie so Lehrer, die wo machen schon Unterricht am ersten Tag nach Ferien? Sie sind nicht so, wa?«

»Na klar bin ich so! Du hattest gerade zwei ganze Wochen Ferien! Denkst du wirklich, es wird jetzt weiter Urlaub gemacht?«

»Jaaa, wieso denn nicht?«

»Na gut, beginnen wir langsam … Wie war denn euer Silvester? Wer möchte anfangen?«

Keiner rührt sich.

»Ihr habt doch bestimmt viel zu erzählen, wie habt ihr denn gefeiert?«

Nach einer gefühlten Stunde meldet sich Melina.

»Meins war so scheiße, ich hab dem verschlafen!«

»Wallah schwör! Ist die behindert … Wie kann man Silvester verschlafen, du krankes Mädchen?«

»Frau Feynberg! Haben Sie gehört, wie Önder mit mir redet?«

»Ich red doch gar nicht mit der, die redet mit mir.«

»Leute beruhigt euch! Mandy, wie bist du ins neue Jahr gerutscht?«

»Hä? Wie gerutscht?«

»Na, wie hast du Silvester gefeiert?«

»Ah so … so meinen Sie das. Ja, war voll langweilig. Ich durft ja nix. Wie ein Mönch oder so …«

Can, der bisher nichts gesagt hat, meldet sich: »Frau Feynberg, was heißt Mönch?«

»Ich weiß, ich weiß, darf ich sagen bitte?« Önder meldet sich und beugt sich dabei dermaßen über den Tisch, dass ich seine Hand im Gesicht habe.

»Klar, darfst du!«

»Mönch ist doch ›Mensch‹ auf bayrisch?«

Abdul springt auf und ruft: »Ey, du hast ja gar kein Plan, Junge! Mönch sind diese braunen Menschen, die kein Sex haben und nie reden! Für dich sind alle gleich, wa? Mönch, Mensch, Inder, Pakistaner! Du sagst doch auch immer, diese Nicole aus der Zehnten, die ist Japse. Aber die ist Koreaner, du Vogel!«

Ich bin mal wieder davon beeindruckt, wie schnell sie von einem Thema zum nächsten springen können.

»Egal, Chinese ist Chinese!«, muss Önder das letzte Wort haben.

»Leute, bitte einmal einkriegen und Buch rausnehmen!«

»Abooou, warum machen Sie so? Erster Tag Schule. Geht nicht bisschen chillen?«

»Frau Feynberg, allerletzte Frage. Bitte!«

»Ja, Jannes, sprich dich aus!«

»Wann sind Sommerferien?«

»Ich will so reich werden wie Karlsson vom Dach«

Jannes versucht an diesem Dienstagmorgen, heimlich Chips zu essen. Zu dumm, dass die Packung knistert und das sofort auffällt. Isabel redet ohne Ende – und ich meine wirklich ohne Ende. Zwischendurch schwört Zamir mal auf den Koran, mal auf seine Mutter. Can dagegen verweigert heute schlicht und einfach das Reden.

»Can, hast du einen Berufswunsch?«

Schweigen.

»Can?«

Schweigen.

»Junge, sag doch schon. Red mal, was mit dir los? Ich sag Ihnen, der Junge ist nicht normal.«

»Jannes! Ich kann mich nicht erinnern, dich gefragt zu haben. Can, wolltest du nicht Immobilienkaufmann werden?«

»Dann nicht! Ich sag nie wieder was.« Jannes ist zutiefst beleidigt.

»Caaan. Ja oder nein reicht doch schon mal als Antwort.«

»Ich mag nicht reden.«

Ich bin etwas perplex. Wo ist der Can, der vergangenes Jahr in meiner Klasse war? Der Can, der geredet, geschrien und gesungen hat? Und das alles gleichzeitig?

»Was ist passiert?«

»Nix.«

»Und warum sprichst du heute nicht?«

Ich gebe zu, es ist nicht die beste Methode, einen Schüler in solch einer Situation vor der gesamten Mannschaft anzusprechen.

»Weil.«

»Darf ich sagen, was ich werden will?«

»Klar, Nafisa.«

»Ich will dings ... diese Beruf ...«

»Ja?«

»Zoodirektorin! Da verdient man doch voooll viel!«

»Oook, magst du denn Tiere?«

»Ja, schon so ... ein bisschen. Aber eigentlich nicht so. Ich hass die voll.«

»Dann verstehe ich deinen Wunsch nicht ganz ...«

»Boooah, was verstehen Sie denn nicht? Also wenn ich vor diesem Käfig stehe und die nicht anfassen muss, ist doch voll geil!«

Als die anderen arbeiten, nehme ich Can zur Seite.

»Can?«

»Ja?«

»Geht's dir gut?«

»Geht so. Ist zu kalt.«

»Aber die Sonne scheint doch endlich wieder, heute ist so ein schöner Tag!«

»Die Sonne ist blöd, die blendet nur.«

Can versucht nicht mal zu lächeln.

»Aber es ist bestimmt nicht die Sonne, die dich traurig macht.«

»Nein ... die wissen alle, was die werden wollen. Und dann hat mir Önder in der Pause gesagt, ich werd sowieso Hartz IV, weil ich nix kann. Frau Feynberg, kann ich wirklich nix?«

»Na klar kannst du etwas. Und sogar eine ganze Menge! Du bist nett, höflich zu den Lehrern, ordentlich, du bist hilfsbereit! Immer, wenn etwas gemacht werden muss, bist du zur Stelle und das ist unheimlich viel wert! Das macht nicht jeder …«

Plötzlich lächelt Can. Ich habe das Gefühl, dass es das erste Mal seit Wochen ist.

»Frau Feynberg?«

»Ja?«

»Danke, dass Sie mich beschützen vor den anderen.«

Heute ist auf jeden Fall ein schöner Tag. Komme was wolle.

Mandy und Emre denken, sie wären im Kunstunterricht und bemalen gegenseitig ihre Arme. Zwischendurch wirft Mandy einen Blick auf die Arbeitsblätter.

»Maaaaaan, Frau Feynberg. Ist nicht so, dass ich faul bin. Ich versteh diese Fragen nicht. Was wollen Sie denn von mir?«

»Ich möchte, dass du den Text liest. Das würde schon reichen. Dann kannst du auch die Fragen beantworten.«

»Man, aber ich hab so schlecht geschlafen. Und dann hatte ich keine Zeit, meine Haare zu machen, weil ich bisschen verschlafen habe. Und jetzt hab ich so Kopfschmerz, wissen Sie. Und mein Nagel ist abgebrochen, wissen Sie?«

»Nimm den Text und fang an zu lesen!«

»Können wir nicht bisschen Kolumbus machen?«

»Wie, Kolumbus? Wir haben doch gerade Erdkunde und nicht Geschichte? Und Entdeckungen ist das Thema der siebten Klasse, die ist ja bei dir schon länger vorbei …«

»Ja und? Aber ich will Entdeckungen machen. Ich kann das gar nicht …«

Dann entwickelt sich eine Diskussion, bei der plötzlich alle wach werden.

»Frau Feynberg, ich bin ja ein Junge.«

»Das sehe ich genauso, Yunus.«

»Kann ich als Junge auch Masseurerin werden oder wie das heißt? Obermies, immer so hübsche Frauen liegen vor einem.«

»Bestimmt kannst du den Beruf erlernen, wenn dich der Bereich interessiert. Warum auch nicht?«

»Aber verdient man nicht so viel, wa? Reicht, um gut zu leben?«

»Es kommt drauf an, was für dich ein gutes Leben bedeutet. Einer sagt, 800 Euro im Monat sind ein Traum, der andere wird drüber lachen.«

Wir kommen vom Thema ab, aber wenn es sie interessiert, soll es mir recht sein.

»Wallah? 800 Euro?«

»Ich weiß nicht auswendig, was man in diesem Bereich verdient. Ich wollte nur damit sagen, dass jeder andere Bedürfnisse hat.«

Auch Mirko stimmt mir zu: »Jaaa ... Bedürfnisse ... Wenn man Millionär ist, dann chillt man nicht Ford Fiesta, dann hat man Bugatti oder Ferrari oder so ... Diese reichen Menschen, die wollen voll viel! Und die arbeiten nicht freiwillig oder so. Nur für Geld!«

»Mirko, du würdest auch nicht ohne Lohn arbeiten! Bitte sage mir, wenn ich mich irre.«

»Ja ... nein ... ich weiß nicht ...«

Auch Justin möchte etwas zu der Debatte beitragen: »Was willst du denn? Du kannst doch in so einer übertriebenen Luxusvilla wohnen. Mit Wald und so und Meer. Oder vor Lidl schlafen, da bei Einkaufswagen. Wie ein obdachloser Brückenmensch. Kannst so auch gut leben.«

Jetzt klinkt sich Abdul ins Gespräch ein: »Ich schwör Ihnen, Frau Feynberg. Meine Chefin da, wo ich Praktikum machen will, ist voll die Geize, die will mir nix zahlen! Darf die das?«

»Ja. Ihr macht in den Betrieben nur ein Praktikum und das wird in der Regel nicht bezahlt.«

»Abdul, Alta, ich schwör, was beschwerst du dich denn? Du bist doch Araber! Machst zwanzig Kinder und dann kannst du leben vom Kindergeld wie ein König!«

Abdul fühlt sich wohl eher geehrt als angegriffen.

»Was zwanzig Kinder? Ich mach die locker, aber von Kindergeld kannst du doch nicht leben wie du willst!«

Die Gedanken gehen schon mal nicht in die verkehrte Richtung.

Plötzlich steht Can vor mir. So wie er immer vor mir steht, wenn er etwas Wichtiges zu sagen hat. Endlich ist er aufgetaut.

»Frau Feynberg, also ich will so reich werden wie Karlsson vom Dach. Der lebt doch so … wunderschön!«

Önder antwortet: »Cüüüs, übertreibt der! Aaaaler Junge, der lebt noch? Der ist doch längst gestorben! 1996 oder so. Hat der kein Plan vom Leben! Oder meinst du Mahmut vom Boden? Diese Hässlichkeit lebt noch.«

Ich rolle mit den Augen. Und frage mich zum hundertsten Mal, wie ich diese Sprache wenigstens etwas verbessern kann.

Can weiß es besser: »Neeein, Karlsson vom Dach ist doch nicht gestorben, Kevin allein zu Hause ist tot!«

Ich freue mich, dass es mir gelungen ist, Can aufzumuntern.

»Was Kevin? Guckst du keine Nachrichten? Karlsson ist noch länger tot!«

Hier greift Abdul ein, er überlegt anscheinend immer noch, welche Möglichkeiten es gibt, ein gutes Leben zu führen.

»Aber Frau Feynberg, ich weiß, wie wir gut leben können. Lassen Sie ma hier Plasmafernseher und Playstation kaufen. Mit Playstation kann man mies lernen.«

»Ja, genau, sehr gute Idee! Lasst uns noch paar Masseure einstellen, Betten im Klassenraum aufbauen und uns jeden Tag Essen liefern lassen!«

»Wallah?«

»Wallah!«

»Frau Feynberg! Haben Sie gerade ›wallah‹ gesagt?«

»So, Leute, jetzt haben wir einander genug abgelenkt. Zurück zur Erdkunde.«

»Ihr Ernst? Madrid liegt in Europa?«

Murat tut so, als hätte er gerade erfahren, dass er den Lottogewinn abgeräumt hat, überraschter geht es nicht.

»Was dachtest du denn? In Afrika?«

»Kraaass …«

»Frau Feynberg, das ist doch da, wo diese Königin ist?«

»Genau, Betül, das Land ist eine parlamentarische Monarchie, das heißt, es wird noch vom König, aber zusammen mit dem Parlament regiert. Und ich meine, dass Spanien momentan einen König als Oberhaupt hat und keine Königin.«

»Ja, egal … Ich hab gehört, dieser Typ mit seiner Lady bekommt eine ganze Jacht zum Geburtstag! Wozu brauchen *die* eine Jacht? Und wieso so teure Geschenke? Soll die lieber mir Geld geben. Frau Feynberg, was kostet eine Jacht?«

Can ist schneller mit der Antwort als ich: »Die kostet bestimmt fünf Millionen!«

»Bist du behindert? Pferd kostet fünf Millionen! Eine Jacht kostet bestimmt Milliarden! Frau Feynberg, was kostet ein Pferd?«

»Ich habe keine Ahnung!«

»Ey Betül, sag ma nicht ›behindert‹ zu mir, sonst blocke ich dich Facebook!«

»Aber Sie sind doch Lehrerin, Sie müssen wissen!«

»Nö, muss ich nicht. Und wozu brauchst du bitte ein Pferd?«

»Stellen Sie sich vor, auf Pferd auf Potsdamer Platz. Wie geil das wäre! Ich liebe Potsdamer Platz! Ich will da mal leben. Mit Pferd in Hof.«

»Zum Vorstellungsgespräch würde ich an deiner Stelle nicht auf dem Pferd angaloppiert kommen.«

»Die nehmen mich doch eh.«

»Um einen Ausbildungsplatz zu bekommen, musst du ein gutes Zeugnis vorlegen. Also nimm ein Blatt 'raus und fang an zu schreiben.«

Das predige ich, seit ich diese Klasse kenne. Ein gutes Zeugnis ist der Weg in die Berufswelt. Scheint noch nicht ganz angekommen zu sein. Ich erzähle es trotzdem immer wieder.

»Frau Feynberg … also Sie …«

»Gülcan, du darfst jetzt nur sprechen, wenn du etwas zum Thema beiträgst. Geschleime ist auch verboten.«

»Also, ich schwöre, Sie würden jeden Job auf diese Welt bekommen. Also nicht so. Aber Haare bisschen stylisher, vielleicht ein Pony? Schminke auf Gesicht. Vielleicht bisschen blau und grau? Und dann sehen Sie übertrieben gut aus. Ich sage es Ihnen.«

»Lasst uns zurück zum Thema ›Reichtümer der USA‹ kommen.«

»Was das? Zuerst machen wir was über Könige und Geld und dann Amerika und so? Ohne Sinn.«

Bülent versteht die Welt nicht mehr.

»Na, weil ihr das selbst ins Gespräch gebracht habt und

das andere zu Erdkunde gehört. Ab und an auf den Stundenplan schauen lohnt sich!«

»Ah so, sagen Sie doch gleich!«

»Du darfst auch mit der Hausaufgabe anfangen.«

»Hab nicht gemacht.«

»Weil?«

»Weil keine Zeit …«

»Habt ihr gestern nicht erzählt, was ihr alles am Wochenende unternommen habt? Fußball, Kino …«

»Das ist ja auch Freizeit, da mach ich doch keine Hausaufgaben!«

Der fünfte Punkt

Ich kann mich nicht an alles aus meiner Kindheit erinnern, aber daran, dass Jude oder Jüdin sein in der ehemaligen Sowjetunion ein Thema war, schon.

Meine Großeltern sprachen oft Jiddisch miteinander, hauptsächlich um einander etwas mitzuteilen, was andere nicht verstehen sollten. In unseren Bücherregalen fand man Werke von bedeutenden russisch-jüdischen Schriftstellern wie Scholem Alejchem. Mein Großvater mütterlicherseits war in einem kleinen Schtetl in der Ukraine zur Welt gekommen und sprach bis zu seinem vierten Lebensjahr überhaupt kein Russisch. Er lernte es erst, als die Familie wegen einer Hungersnot gezwungen war, der Ukraine den Rücken zu kehren und nach Moskau umzusiedeln. Im Frühjahr kamen bei uns zu Hause stets ungesäuertes Brot, Mazze und »Gefilte Fisch« auf den Tisch und wahrscheinlich wurde auch erwähnt, dass wir gerade Pessach feiern. Ich weiß es nicht mehr, weil es nicht von großer Bedeutung war. Keiner hat erklärt, warum man Pessach feiert oder aus welchem Grund man acht Tage lang ungesäuertes Brot essen sollte. Ich möchte nicht wissen, in welchen Hinterhöfen die Mazze, die wir aßen, gemacht wurde. Zum Neujahr stellten wir jedes Jahr einen Tannenbaum auf. Wir sagten nicht Weihnachtsbaum dazu und feierten das Fest auch nicht. Aber der Baum wurde jedes Jahr geschmückt und am Morgen des ersten Januar lagen unter dem Baum Geschenke. Das russische Ritual hatte nichts mit dem Brechen der jüdischen Traditionen – die bei uns sowieso kaum vorhanden waren – zu tun, sondern führte lediglich zu einer ausgelassenen Stimmung an den Tagen vor Neujahr und am Neujahrstag selbst.

Seit 1917 prägte der Atheismus die staatliche Politik in Russland. Gottesdienste, die in Kirchen, Tempeln und Synagogen stattfanden, wurden kaum mehr besucht. In den meisten Fällen handelte es sich bei den Gläubigen um alte Menschen, die aus Tradition dorthin gingen oder um Bekannte zu treffen. Meine Uroma Rosa ging in die Synagoge, um Neuigkeiten auszutauschen und Schidduch zu vollziehen, also jemanden zu verkuppeln.

Koschere Lebensmittel und sonstige rituelle Gegenstände waren nur mit Mühe zu bekommen. Das Einhalten der Kaschrut, der jüdischen Speisevorschriften, war also nicht möglich. Ich kann mir aber auch nicht vorstellen, dass die Nachfrage nach jüdischen Gebrauchsgegenständen riesig gewesen wäre, wenn diese frei verfügbar gewesen wären. Nach 1945 tendierten viele Juden aus Ost- und Mitteleuropa dazu, ihre religiösen Wurzeln zu verdrängen, um die Differenz zwischen sich und den Angehörigen anderer Konfessionen nicht zu deutlich zur Geltung zu bringen und um jegliche Art von Diskriminierung zu vermeiden. So wuchsen wir, wie viele andere jüdische Kinder in der ehemaligen Sowjetunion auch, ohne religiöse Erziehung und Werte auf.

Als mein Bruder geboren wurde, kam die Frage der Beschneidung am achten Tag auf. Doch meine Großmutter war der Meinung, das würde dem Jungen viel zu sehr wehtun. Später in Deutschland wurde das nachgeholt, als er zehn Jahre alt war, damit er Bar-Mizwa feiern und zur Thora aufgerufen werden konnte. In Deutschland gab es auch keinen Tannenbaum mehr, weil ich zu Hause einen Aufstand veranstaltete, nachdem ich verstanden hatte, dass wir jüdisch sind und in der Schule sowie im Jugendzentrum immer mehr über meine Religion erfuhr. Es kann gut sein, dass mich meine gesamte Familie nach dem Anti-Tannenbaum-Aufstand für verrückt erklärt hat, aber es widersprach niemand mehr.

Als kleines Kind war ich ein paarmal in einer großen Moskauer Synagoge. Irgendwas hatte dieses Bauwerk mit mir zu tun, das spürte ich. Die Mazze auf dem Pessach-Tisch, die jiddische Sprache und die Besuche der Synagoge waren die eine Seite des eigentlich nicht vorhandenen Judentums in Sowjetrussland. Man versuchte, die Tradition aufrechtzuerhalten, ohne genau zu wissen, was man da eigentlich tat.

Die andere Seite sah trister aus: politischer Antisemitismus. Mein Schulaufnahmegespräch dauerte ungewöhnlich lange, weil die Direktorin überlegen musste, ob sie ein weiteres jüdisches Kind in ihrer Schule aufnehmen wollte. Meine Eltern wünschten sich sehr, dass ich ausgerechnet diese Schule besuchte. Zum einen handelte es sich um unsere Bezirksschule und zum anderen hatten schon meine Mama und meine Oma diese Schule besucht. Leider gehörte ich weder zu den Diplomatenkindern noch zu den Kindern der Parteielite und war somit für die Schulleitung uninteressant. Also beschloss die Schulleiterin, mich auf dem üblichen Wege abzulehnen: mit einem Russisch- und Mathetest. Aufgrund der frühkindlichen Förderung seitens meiner Eltern und Großeltern bestand ich beide Tests bravourös. Meine Eltern freuten sich bereits. Doch leider zu früh. Nach dem langwierigen Gespräch und den beiden Prüfungen wurde meine Aufnahme weiterhin vehement abgelehnt. Irgendeinen offiziellen Grund dafür hätte man schon gefunden. Aber der

Zufall wollte es, dass wir beim Rausgehen auf Mamas ehemalige Englischlehrerin trafen. Sie erkannte meine Mutter sofort und fing an, über die gute alte Zeit zu schwärmen. Was für eine ausgezeichnete und brave Schülerin meine Mutter doch gewesen und wie wichtig es sei, Kinder solcher Schülerinnen aufzunehmen! Nach langen Überlegungen seitens der Schulleitung wurde ich dann doch zugelassen. Vitamin B war die Eintrittskarte zu besonderem Essen, besonderer Bildung und einer besonderen Lebensweise. Ohne Beziehungen lief in der ehemaligen Sowjetunion nichts.

Ich habe in meiner Schulzeit ein paarmal »Jüdin« zu hören bekommen – und das nicht als Feststellung meiner Religion, sondern als Beleidigung. Ein weiterer jüdischer Schüler unserer Klasse bekam wöchentlich Schläge von Mitschülern.

Die Diskriminierung war in allen Bereichen zu beobachten, in der Schule wie auch im Studium. Nachdem alle Arbeiterkinder und alle, die von irgendwelchen Ministerien empfohlen wurden, einen Platz gefunden hatten, blieben kaum Studienplätze für die jüdischen Mitbürger übrig. Wegen der Fünfprozentklausel an den Unis musste meine Mutter ihr Studium an einer Abenduniversität beginnen – in bestimmten Studiengängen durften Juden nämlich nur ein Zwanzigstel der Studentenschaft ausmachen. Als sie das erste Jahr mit Bestnoten bestand, durfte sie an die normale Universität wechseln. Da man an der Abenduniversität langsamer studierte, musste meine Mutter alles nachholen, was sie an der Universität verpasst hatte. Wir wurden auf bittere Art und Weise immer wieder an unsere Religion erinnert. Gesetzlich war Antisemitismus untersagt, doch die Realität sah anders aus: Die Benachteiligung der jüdischen Bevölkerung war stets spürbar. Unter der Regierung Stalins waren jüdische Schriftsteller ermordet, jüdische Ärzte verhaftet worden. Trotzdem wurde er von der Bevölkerung lange verehrt.

Auch von Juden, von denen viele überzeugte Kommunisten waren. Die Schwester meiner Oma heißt Swetlana. Die Erklärung, warum meine Urgroßeltern ihr ausgerechnet diesen Namen gaben, ist ganz einfach: Stalins Tochter hieß Swetlana. Eigentlich ein Name mit einer wirklich schönen Bedeutung.

»Swet« heißt aus dem Russischen übersetzt »Licht«. Meine Großeltern versuchten, mir die Verehrung zu erklären: Stalin war der große Freund des Volkes und die Bevölkerung hatte solch eine intensive Gehirnwäsche erhalten, dass sie tatsächlich an diese Freundschaft glaubte. Alles, was Stalin und der Staat von sich gegeben haben, war die Wahrheit und nichts als die Wahrheit und geschah im Namen des Volkes. Das Volk wollte es. Es wollte also wohl auch, dass die Staatsfeinde des Kommunismus von der Regierung eliminiert werden. Dass es sich dabei um Juden handelte, hat man nicht erwähnt. Ich habe meine Großeltern gefragt, wie sie mit dieser politischen Einflussnahme leben konnten. »Wir kannten es nicht anders. Wir waren in keinem anderen Land gewesen.«

Auch die Nachfolger Stalins untersagten das Veröffentlichen von jüdischer Literatur, unterbanden den Religionsunterricht und die Herstellung religiöser Artikel. Jüdischen Gemeinschaften war verboten worden, sich regional zu organisieren, auch Kontakt mit jüdischen Organisationen im Ausland war untersagt. Es war unmöglich, sich zum Rabbiner ausbilden zu lassen und jüdische Beerdigungen wurden in offenen Särgen vollzogen – eine russische Abwandlung der jüdischen Tradition, nach der der Tote in einem schlichten leinenen Hemd zum Grab begleitet wird.

Dass jüdische Identität in der Sowjetunion keine rein religiöse Frage war, erfuhr man spätestens mit 16, wenn man einen Pass bekam. Als fünfter Punkt war dort die Nationalität vermerkt. Und wo bei anderen Ukrainer, Moldawier oder Lette stand, war bei uns »Jude« zu lesen. Ich hatte nicht die Ehre, einen solchen Pass in der Hand zu halten, weil wir Russland lange vor meinem 16. Geburtstag verlassen hatten.

Ich wuchs also in einem Land auf, in dem meine Familie ständig der Herausforderung unterlag, sich der Diskriminierung im Alltag zu widersetzen. Spätestens als ich nach Deutschland kam und mehr über das Judentum, seine Traditionen und Bräuche lernte, fing ich an, Interesse für meine Religion zu entwickeln und sie zu verstehen.

»Technik und ich, wir sind Brüder«

Heute soll der Fotograf kommen. Darum herrschen jetzt Hektik, Aufregung und Chaos. Mädels schminken einander. Jungs versuchen, sich zu fünft vor einen Spiegel der Mädchen zu quetschen. Nur Fatih sitzt auf seinem Platz und ist eindeutig sauer.

»Aller, Frau Feynberg, wieso sagen Sie nicht, dass die heute Fotos machen?«

»Du Opfer, hat sie fünfmal oder so gesagt. Putz dir ma die Ohren. Opfer!«

»Danke Umut, wenigstens einer, der mir zuhört. Und ja, ich hab es sogar an die zehnmal gesagt, dass der Fotograf kommt!«

»Jaaa, machen Sie mich fertig! Hat jemand ein Hemd für mich?«

Fatihs Frage bleibt unbeantwortet. Der Jogginganzug von Adidas muss also fürs Foto reichen.

»Komm Fatih, Kopf hoch. Wenn du nett lächelst, guckt doch keiner auf deine Kleidung!«

»Nett lächeln, nett lächeln … Seit wann lächele ich denn nett? Dann denken alle, ich wär schwul!«

Bis der Fotograf kommt, müssen wir den Plan für den letzten Tag des Halbjahres entwickeln. Die Variante »Grillen in der

Klasse« muss abgelehnt werden. Und das, obwohl Bülent mir versichert, dass er schon tausendmal einen Grill angemacht hat: »Ey, das ist so leicht, das kriegt sogar ein Baby hin. Aller ... Technik und ich, wir sind Brüder. Ich kann Ihnen alles Technik anmachen!«

Ein gemeinsames Essen, auf das wir uns dann später verständigen, bedeutet, jeder bringt etwas mit. Jeder bringt was mit heißt, jeder muss auch Geld ausgeben. Geld ausgeben bedeutet, so günstig wie möglich einzukaufen.

»Ok, ich bring Salami oder Würstchen. Sind billig. Und ich brat die dann zu Hause. Ich liebe Würstchen, so weiße, fette.« Max fährt sich mit der Zunge über die Lippen und streicht sich über den Bauch.

»Ihhh, ist doch Schwein, oder?«, fragt Tuncer.

»Ja, normal ist Schwein. Meinst du, ich kauf so goldene Luxuskuh mit Diamanten für hundert Euro?«

»Schwein ist haram, mach ma nicht!«

»Jungs, beruhigt euch. Wie wäre es denn mit Raclette oder Fondue? Dann haben wir immer noch etwas Warmes zum Essen. Jeder kann doch mitbringen, was er gerne essen möchte und schon haben wir das Problem gelöst. Wie viele Geräte haben wir denn?«

Ich muss lange erklären, was ein Raclette und was ein Fondue ist, aber am Ende hat es auch Umut in der letzten Reihe verstanden. Ich weiß noch nicht, ob ich mich trauen soll, hier mit elektrischen Geräten anzukommen, aber einen Versuch ist es wert. Auch wenn dabei nur rauskommt, dass Bülent eine zu große Klappe hat.

»Ich hab eins!«

»Wer noch? Ein Raclette reicht nicht!«

Schweigen. Die Schüler gucken einander an. Die Hoffnung auf warmes Essen wird immer kleiner.

»Wieso reicht nicht? Als ob wir hier so viel fressen! Ok,

Murat vielleicht. Aber wir sperren ihn ein. Such dir ma andere Hobbies, Junge! Nicht nur fressen!«

Murat ist etwas korpulenter. Der Spruch trifft ihn sichtlich, er wird blass. Am liebsten würde ich Tuncer rausschmeißen. Würde ich aber bei jeder Beleidigung die Schüler des Raumes verweisen, würde ich nur vor leeren Stühlen unterrichten.

»Hey, Tuncer! Kein Grund, beleidigend zu werden. Vielleicht können wir ja wirklich mit einem Raclette auskommen?«

»Niemals! Frau Feynberg, was reden Sie? Schwein und Nichtschwein auf ein Racding geht gaaar nicht! Überlegen Sie mal! Haram und so!«

Wir überlegen also weiter, diskutieren und sammeln Ideen. Das kostet uns fast den gesamten Vormittag. Mir ist es allmählich egal, was wir machen. Hauptsache, wir machen alle was zusammen. Nach zwei Stunden entscheiden wir uns für einen Sportnachmittag mit Ballspielen. Schön gruppendynamisch und pädagogisch wertvoll. Viele bleiben unzufrieden. Ich finde die Idee gar nicht mal so schlecht. Aber Betül meckert, meckert und meckert. Schon den ganzen Tag. Dann zeigt sie sich doch mit dem Plan einverstanden, aber nur unter einer Bedingung:

»Frau Feynberg, aber dann müssen Sie gaaanz viele Fotos machen! Ich brauch für mein Facebook! Und für meine Mutter.«

»Fotos mache ich sowieso. Die reichen für Facebook und das Fotoalbum deiner Mutter.«

Betüls Mutter kam mal zum Elternsprechabend mit einem Fotoalbum und hat mir anhand der Fotos die ganze Familiengeschichte erzählt. Das hätte ich spannend gefunden, wenn für die Gespräche nicht nur 15 Minuten vorgesehen gewesen wären und Betül nicht so viele schlechte Noten gehabt hätte. Meine Bemerkung mit dem Album war gemein. Zum Glück überhört Betül meine Bemerkung.

»Wissen Sie, Frau Feynberg, ich bin in letzter Zeit irgendwie so fotogeil! Ich will immer Fotos machen! Straße, Bus, Wohnung. Immer.«

»Solange du sie nicht in meinem Unterricht machst, soll es mir recht sein.«

»Hä? Ist Ihnen doch egal, Sie kriegen eh Ihr Geld!«

Sie schüttelt den Kopf.

»Also, ich verstehe die Lehrer heutzutage nicht. Sie sind schon komisch!«

»Danke!«

»Nein, also Sie nicht. Sie sind gechillteste Lehrerin der Welt! Darf ich mit Gülcan Toilette gehen?«

»Nö. Zuerst geht sie und dann du. Oder umgekehrt. Abgesehen davon kommt der Fotograf gleich und ihr müsst alle da sein.«

»Biiitte! Lebensnotwendig, ich schwör auf alles, was Sie wollen!«

»Betül, ihr hattet gerade Pause!«

»Aber da musste ich noch nicht! Und ich muss mit Gülcan gehen. Die hat Angst, wissen Sie! Vor dem Klokodil, der aus Klo rausspringt!«

»Mädels! Ihr habt noch fünf Minuten Zeit, beeilt euch bitte mit der Beauty-Farm!«

»Was fünf Minuten? Frau Feynberg, ist Ihr Ernst? Ich muss noch Backen pudern!«

»Betül, deine Wangen sind ausreichend geschminkt, du musst sie doch nicht anmalen!«

»Nein man, auf Foto sieht's voll scheiße aus, muss glänzen, wissen Sie?«

Im selben Moment nimmt Betül eine Hand voll Glitzerzeug und schmeißt es sich ins Gesicht. Ich schätze, mindestens die Hälfte davon landet auf dem Boden.

Endlich sehen alle aus wie Models. Zuerst soll ein Klassenfoto gemacht werden, draußen sind Bänke und Stühle aufgebaut. Die größeren Schüler sollen nach hinten auf die Bänke und die anderen vorne auf die Stühle. Nach einigen Minuten gescheiterten Positionierens fängt die ziemlich junge Fotografin an, mir leidzutun. Ihr Chef steht daneben und lächelt müde. Sie muss da jetzt wohl durch. Aber sie lässt nicht locker. Allerdings geht ihre zarte Stimme im Gebrüll unter. Jannes fliegt alle zwei Sekunden von der Bank und nimmt seine Nachbarn mit.

Isabel schreit immer wieder: »Zamir, du Spast, zieh mich nicht an den Haaren. Mein Kopf fliegt gleich weg.«

Zamir schreit zurück: »Ich mach doch nix, das war Yunus.«

Yunus schubst die ganze Zeit Melina, die natürlich als Reaktion auch schreien muss. Ich fühle mich wie im Stadion. Dann setze ich meinen Kasernenton ein und für zwei Minuten wird es ruhig. Die Fotografin fährt fort: »Du da, im karierten Hemd, geh runter. So wie ich es dir gesagt habe. Und du im roten Pulli, dreh dich halb nach rechts!«

Max dreht sich nach links und steht mit dem Rücken zur Kamera.

»Du mit dem Rock, setz dich hin. Dafür steht der Stuhl da!«

Ich weiß nicht, wie es bei den anderen Klassen gelaufen ist, aber ich bin mir sicher, dass wir den Zeitrekord für das Gruppenfoto aufstellen. Endlich können Einzelfotos geschossen werden. Emre bekommt vom Fotografen die Klassenliste in die Hand gedrückt. Er soll die Schüler aufrufen und sie abhaken.

»Oh Gott, Frau Feynberg, ich schaff das nicht!«

»Doch doch, das kriegst du schon hin!«

Und tatsächlich, Emre kommt mit der Geschwindigkeit des Fotografen kaum mit, gibt jedoch nicht auf.

Fatih kommt vom persönlichen Fototermin empört zurück: »Was das? Hat dieser Opferfotograf einen Euro gekostet? Ist der billig oda was? Der Behinderte ... Der hat nicht mal eins, zwei, drei oder so gesagt! Nur so: ›Jetzt!‹ Und hat sofort Klick gemacht. Ich konnt mich gar nicht richtig vorbereiten.«

Als Nächste ist Mandy dran, doch sie ist noch lange nicht so weit. Sie muss perfekt aussehen.

»Frau Feynberg, soll ich Foto mit oder ohne Haargummi machen?«

Mandy steht sichtlich aufgeregt vor dem Spiegel und kann sich nicht entscheiden.

»Auf jeden Fall mit offenen Haaren! Sieht doch besser aus!«

»Ok danke, Frau Feynberg. Sie haben mich gerettet, ich wusste echt nicht!«

Endlich sind alle durch und ich mache in Gedanken drei Kreuze. Wir dürfen zurück in das Klassenzimmer, jetzt kann nichts mehr schiefgehen. Die Hälfte der Klasse ist bereits auf der Treppe. Man kann sie nicht überhören. Der Fotograf holt Gülcan zurück. Sie soll sich alle Fotos noch mal auf dem Bildschirm der Kamera anschauen und sagen, ob nicht jemand vergessen wurde. Mit Gülcan gehen: Max, Betül, Jocelyn, Zamir, Abdul und Bülent. Der Fotograf wiederholt, dass er die Aufgabe nur Gülcan anvertrauen möchte. Und ich wiederhole, dass alle außer Gülcan zurück in die Klasse sollen. Er wiederholt es wieder und wieder. Beim fünften Mal hat es auch Betül verstanden. Beim

Weggehen schreit sie: »Ey Gülcan, guck mal, ob ich scheiße aussehe und sag mir dann!«

Gülcan nimmt sie aber nicht mehr wahr, sie ist bereits ganz vertieft in die Fotos.

»Was schreien Sie wie auf Basar?«

»Fatih, gestern hast du super mitgearbeitet. Bitte heute genauso weitermachen.«

»Habt ihr gehört, ihr Knechte? Ich war gestern bombe. Macht mal heute auch gut mit, vielleicht haben wir morgen dann kein Unterricht?«

»Wieso denn das? Natürlich machen wir auch morgen Unterricht! Ihr müsst doch etwas lernen.«

»Wieso denn?«

»Wieso ihr lernen müsst? Ist es eine ernst gemeinte Frage?«

»Ja … Nein … Na gut, ich les ja schon …«

In diesem Moment kommt Efkan rein. Ohne Jacke. Mir wird schon beim Hinsehen kalt. Nafisa wohl auch.

»Ey Efkan, bist du Pinguin von Nordpol oder was? Kein Gefühl bei Kälte? Ist der hässlich, läuft der ohne Jacke!«

Efkan rollt mit den Augen und setzt sich auf seinen Platz.

»So Leute, ihr könnt an den Arbeitsblättern von letzter Stunde weiterarbeiten.«

»Ich kann nicht denken, ich schwör, wegen Schluckauf, dem Hurensohn. Der hört nicht auf, aller … Was sollen wir machen, Frau Feynberg?«

»Boah Isabel, kannst du nicht hören? Sogar ich höre besser, wenn ich meine Ohren zumache!«

»Danke Mirko, für deine Unterstützung. Ihr sollt die Arbeitsblätter bearbeiten.«

»Können oder Sollen? Oder auch Müssen?«

»Natürlich müsst ihr! Auch du, Jannes!«

»Ich mach doch nicht so viele Aufgaben! Das schaffe ich nicht mal bis in drei Jahren. Das ist hier voll auf Gymnasium gemacht!«

»Dann nicht.«

Jannes guckt mich irritiert an. Ich habe heute gute Laune und einfach keine Lust auf diese endlosen Diskussionen.

Justin kommt kauend in die Klasse rein.

»Das darf doch nicht wahr sein! Schon wieder kaust du Kaugummi? Raus damit!«

»Warten Sie!«

Die Klasse und ich warten gespannt.

»Ich schlucke!«

»Wallah, bist du behindert? Ey, schluck ma nicht. Ich schwör, du bekommst Durchfall, Alter!«

»Deine Mutter ist behindert! Man bekommt doch keinen Durchfall davon!«

Die »Bekommt-man-Durchfall-wenn-man-einen-Kaugummi-schluckt-Diskussion« dauert einige Minuten. Danach steht Abdul auf und stellt sich vor Fatih. Die beiden beginnen ganz leise etwas zu besprechen.

»Abdul?«

»Abdul??«

»Abdul???«

»Ja, was ist? Was schreien Sie wie auf Basar?«

»Entschuldige die Störung, aber wir sind gerade bei einer Kurzgeschichte in Frankreich und nicht beim Chillen mit Fatih in deiner Fantasiewelt.«

»Aaaaler, wie Sie immer übertreiben! Sehen Sie nicht? Ich bespreche hier gerade etwas!«

»Hier, ein Zettel. Schreib mir deine Festnetznummer auf!«

»Mir doch egal. Rufen Sie doch an. Mir wird eh nix passieren.«

Beim letzten Telefonat mit Abduls Eltern hieß es: »Ah, wissen Sie, wir haben zu Hause so viele Probleme mit ihm, wir wissen doch auch nicht weiter, reden Sie doch mit ihm!« Immerhin siezen sie mich.

Eigentlich wollte ich Lehrerin werden und nicht Krankenschwester, Psychologin, Sozialarbeiterin, Mutter, Vater, Polizistin, Erzieherin, Arbeitsberaterin, Richterin, Moralapostel, Motivationstrainerin, Wecker …

Ich schaue mich in der Klasse um. Can malt Kästchen aus. Justin kaut schon wieder Kaugummi, obwohl er das letzte vor wenigen Minuten angeblich runtergeschluckt hat, Jocelyn malt auf Gülcans Arm. Önder spitzt seinen Bleistift. Seit zehn Minuten. Jannes hat den Kopf auf den Tisch gelegt. Es ist offensichtlich, dass er schläft. Mirko quatscht mit Yunus. Nathalie hört aufmerksam zu. Alle anderen versuchen zu arbeiten. Glaube ich.

Neuanfang in Frankfurt

Ich bin also – wie meine Schüler sagen – eine Ausländerin, eine echte. Am eigenen Beispiel habe ich erlebt, dass man Migration auch als Erfolgsgeschichte erzählen kann. Ich finde es merkwürdig, wenn man noch nach Jahrzehnten in diesem Land nur gebrochen Deutsch spricht, finanzielle Hilfe vom Staat bekommt und nichts vom ersten Paragraphen des Grundgesetzes gehört hat. Ich kenne Elterngespräche mit Dolmetscher, fragende Blicke beim Ausfüllen einfachster Formulare und Ansprüche auf finanzielle Unterstützung – ob bei Klassenfahrten oder Schulbüchern. Ich kenne aber auch engagierte Eltern, die interessiert sind, arbeiten und gutes Deutsch sprechen. Ich denke manchmal, dass ich alles kenne und dann bekomme ich Dinge mit, die mir beweisen, dass ich längst noch nicht alles gesehen habe. Jeden Tag aufs Neue.

Bevor ich als Lehrerin in einer öffentlichen Schule in einem Berliner Problembezirk anfing, lebte ich in meiner »Die-Welt-ist-rosa-und-jeder-will-lernen-Blase« und war der festen Überzeugung, dass die Gewaltdarstellungen in den Nachmittagssendungen wie »Mitten im Leben« oder »Barbara Salesch« so übertrieben waren, um die Einschaltquoten zu erhöhen. Leider habe ich seitdem zu viele ähnliche Fälle erlebt. Vernachlässigte Kinder, soziale Ungleichheit, Erziehung, die an die Schule übertragen wird, Kriminalität im jungen Alter, überlaufene Jugendämter, Bildungsferne.

Ich war zehn, als meine Eltern beschlossen, der Sowjetunion den Rücken zu kehren. Sie waren so alt wie ich heute, als sie sich entschlossen, ein neues Leben zu beginnen. Bei dem Gedanken, ich müsste jetzt mit zwei kleinen Kindern in ein fremdes Land, dessen Sprache ich nicht mächtig bin, wird mir ganz schlecht.

Eigentlich sträubte sich meine Mutter mit allen Kräften gegen die Auswanderung. Aber mein Vater konnte es kaum erwarten, dem Kommunismus und dem Antisemitismus zu entkommen. Die Argumente meiner Mutter gegen die Migration waren nicht verkehrt: Wir hatten eine große Wohnung, meine Eltern hatten beide Arbeit – uns ging es finanziell gut. In Deutschland sah meine Mutter eine ungewisse Zukunft vor sich. Sie stellte sich zahlreiche Fragen. Wie komme ich an eine Schule für meine Tochter? Wie an einen Kindergartenplatz für meinen Sohn? Welche beruflichen Möglichkeiten habe ich mit einem Abschluss in sowjetischem Recht, der in Deutschland mit Sicherheit nicht anerkannt wird? Werde ich genug Geld haben, um meinen Kindern eine sichere Zukunft zu ermöglichen? Bis eines Tages auch meine Mutter die Erfahrung machen musste, dass es besser war zu gehen.

Sie war mit mir und meinem Bruder unterwegs, als sie eine Gruppe von Männern sah, die in die Uniformen der zaristischen Armee gekleidet waren. Meine Mutter, so neugierig und direkt wie sie ist, fragte die Männer nach ihrer Gesinnung. Ohne mit der Wimper zu zucken, antworteten diese: »Wir sind von der Vereinigung ›Pamyat‹.« Eine Bewegung, die in vielen Städten vertreten war und für ihre antisemitischen Äußerungen und Taten bekannt war. Die Mitglieder schändeten jüdische Grabsteine, verprügelten Menschen auf der Straße, von denen sie annahmen, dass es jüdische Mitbürger waren und verteilten Flugblätter mit antijüdischer Propaganda: In der UdSSR gebe es keinen Platz für diese Verräter, Juden hätten den Staat ruiniert, die stammrussische Bevölkerung unterdrückt und sollten doch endlich nach Israel gehen. Obwohl die sowjetische Konstitution und offizielle Staatspropaganda von einem demokratischen Staat, der Förderung der internationalen Politik und von gleichgestellten Nationen sprach, wurde die Bewegung nicht verboten, sondern stillschweigend geduldet. 1995 wurde sie vom Justizministerium sogar als offizielle überregionale Vereinigung anerkannt. Zum Glück waren wir zu diesem Zeitpunkt schon über alle Berge.

Meine Mutter begriff schnell. Aufgrund unseres Äußeren waren wir zweifelsohne in Gefahr: Dunkle Haare und dunkle Augen fallen eben auf, wenn die Mehrheit der Bevölkerung blond ist und blaue Augen hat. Auf die Polizei zu warten, war sinnlos. Die sowjetische Miliz war kein Schutz. Niemand wäre uns zu Hilfe geeilt. Die Leute würden nicht mal in unsere Richtung gucken. Also rannte Mama mit uns davon. Und traf sofort eine Entscheidung: Nun wollte sie auswandern. Ihrer Kinder wegen. Israel war zu heiß und wirtschaftlich instabil, Australien zu weit, die USA standen erst gar nicht zur Debatte. Also entschieden sich meine Eltern für Deutschland. Wir waren nun Kontingentflüchtlinge.

An einem ziemlich ekligen und grauen Februartag kamen wir mit dem Flugzeug in Frankfurt am Main an. Ich mit meinem Kuscheltier im Arm und meine Mutter mit mir und meinem Bruder an den Händen. Ich verstand natürlich noch nicht, was mit mir passierte. Wir hatten für eine längere Reise gepackt und waren irgendwohin geflogen. Alles war superaufregend.

In Deutschland angekommen, war ich mit dem Ziel dieser ungewöhnlichen Reise zufrieden. Mehr als das, ich war fasziniert. Von den netten Menschen und den vielen Geschäften. Volle Regale, keine Schlangen vor den Läden und ganz viele Dinge, die ich noch nie vorher gesehen hatte. Da war zum Beispiel dieses ja ... was war das eigentlich? Dieses runde braune Etwas mit einer haarigen Schale. Es musste auf jeden Fall etwas zu essen sein, denn wir befanden uns in einem Lebensmittelgeschäft. Wie isst man das? Kann man das überhaupt essen oder ist es giftig? Bei dem runden Etwas handelte es sich um eine Kiwi, die mich so begeisterte, dass ich bis heute immer welche zu Hause habe. Vor 22 Jahren waren diese Dinge für mich aber alles andere als selbstverständlich. Ich lief mit offenem Mund durch die Stadt und entdeckte dieses tolle Land, das so viel zu bieten hatte. Es gab Kinderüberraschungseier, die jeden Tag zu einem Fest machen konnten, Tüten, die man umsonst in den Supermärkten bekam und auf den Straßen sah ich Menschen, die lächelten. Einfach so, im Vorbeigehen. Wahnsinn. Und dann gab es noch dieses wunderbare bunte Papier und die vielen unterschiedlichen Schleifchen, mit denen man ein Geschenk verpacken konnte, viele Geschenke, sogar gleich im Laden. Ich konnte stundenlang an den Kassen bei Douglas stehen und die Verkäuferinnen beobachten, wie sie diese wunderschönen Geschenkschleifchen kreierten. In allen möglichen Farben. *Wenn ich groß bin, muss ich auf jeden Fall bei Douglas arbeiten. Beste Arbeitsstelle auf der ganzen Welt*, das war mir klar. Jetzt fehlte nur noch, die Sprache zu lernen und Freunde zu finden.

Unser neues Zuhause wurde ein zehn Quadratmeter großes Hotelzimmer. Meine Mutter und mein Bruder mussten sich ein Bett teilen, ein viertes Bett passte beim besten Willen nicht in dieses winzige Zimmer. Die Kochplatten standen im Bad auf der Toilette. Hier wurden die Mahlzeiten zubereitet und Geschirr gespült. Die Kakerlaken bemerkten wir irgendwann nicht mehr. Mich lenkten viele Dinge ab, die das Leben für ein kleines Mädchen lebenswert machen. Eine Barbie in einem roten Ballkleid, die mir mein Vater von seinem ersten Gehalt in einer Fabrik gekauft hatte, machte mich zum glücklichsten Mädchen der Welt. Meine Mutter putzte derweil bei fremden Familien und babysittete, während ihre eigenen Kinder nachmittags oder am Wochenende ohne Aufsicht und ohne mütterliche Zuneigung waren. Morgens brachte sie mich in die Schule und meinen kleinen Bruder in den Kindergarten, wartete, bis sein Geheule, weil er sie nicht gehen lassen wollte, aufhörte und eilte zum Sprachkurs. Wir waren ständig krank, hatten hohes Fieber. Geld für ein Taxi, um uns zum Arzt zu bringen, besaßen unsere Eltern nicht. Außerdem sprach meine Mutter nur Englisch, kein Deutsch. Das musste reichen, um sich mit den Ärzten zu verständigen. Und immer stellten sich die Fragen: Wo sind wir hier? Was sind das für komische Lebensmittel? Gibt es Ärzte und machen sie Hausbesuche? Gibt es Polikliniken?

Von all diesen Fragen, die sich unsere Eltern stellten, bekamen wir nichts mit. Das, was man uns vermittelte, war Optimismus, Zuversicht und die »Egal-was-kommt-du-brauchst-einen-Schulabschluss«-Einstellung. Sie lernten die deutsche Sprache, suchten nach einer festen Arbeit und fanden sie. Ich bin heute noch überzeugt: Wer suchet, der findet. Bald hatte ich eine zweite Barbie und neue Klamotten. Für die Barbie und für mich. Ein paar Jahre später wurde auch ich ab und an mit dem Auto von der Schule abgeholt. In diesen Momenten wollte ich ganz laut schreien: »Seht alle her, mein Vater hat auch ein Auto! Ich gehöre jetzt auch zu den Coolen! So!« Obwohl es uns finanziell nun etwas besser ging als zur Anfangszeit in Deutschland, bekam ich wirklich große Sachen, wie einen Discman, nur zu Geburtstagen und wir kauften weiterhin bei Discountern ein. Auf dem Weg vom Einkaufen nach Hause habe ich stets leise gebetet, dass uns keiner von meinen Mitschülern sehen möge. Nicht mit der Alditüte in der Hand. Ich wollte auf keinen Fall zu den armen Ausländern gehören.

Ich weiß also, wie das ist, von der Stütze zu leben. Spaß ist was anderes. Man will so viel und hat so wenig. Sich nichts leisten zu können und jeden Cent umzudrehen, ist schlimm. Gerade für ein Kind, das tagtäglich in der Schule die neuesten Klamotten präsentieren will und sonst nicht dazugehört. Es ist großartig, einfach in einen Laden zu gehen und sich etwas leisten zu können.

Ich habe auch gelernt, dass sich nach mehr Streben immer lohnt. Und das ist auch das, was ich versuche, meinen Schülern zu vermitteln. Lernen und Arbeiten ist sinnvoll. Zur Schule zu gehen, ist wahnsinnig wichtig. Realistische Träume lassen sich verwirklichen. Das Vermitteln dieser Werte gestaltet sich zunehmend schwierig, wenn man bedenkt, dass die Familien einiger meiner Schüler teilweise von Generation zu Generation den Empfang von Hartz IV vererben, und schulische Leistungen von den Eltern nur bedingt wahrgenommen werden. Hinzu kommt der gesellschaftliche Stempel. Die Meinung über diese Jugendliche steht. Wie sollen sie sich überwinden, etwas aus ihrem Leben zu machen, wenn sie ständig zu hören bekommen, dass sie nichts können und nie etwas können werden?

Februar

»Ich bin ein Mann, ich weine ohne Taschentücher«

Vier Grad minus sind kein Spaß, aber was soll's? Aufstehen muss man ja trotzdem. Das schöne warme Bett verlassen. Und wenn man schon mal steht, ist das alles auch nicht mehr so schlimm. Wenn das bloß alle so sehen würden … Auf dem Flur begegne ich Tuncer und Walmir, noch vor der ersten Stunde. Beide gehen wortlos an mir vorbei.

»Jungs, ihr dürft ruhig ›Guten Morgen‹ sagen!«

»Aboooou Frau Feynberg, wissen Sie wie kalt es ist?«

»Frau Feynberg! Ich hab schon gedacht, Sie haben uns verlassen! Ich wollt schon weinen.«

»Nee, nee, alles wieder gut! Ich war nur krank. Aber jetzt bin ich ja da und du kannst deine Taschentücher wieder einstecken.«

»Ich bin ein Mann, ich weine ohne Taschentücher. Also, Frau Feynberg, Sie sehen heute echt schei… äähm ich meine schlecht aus! Wieso sind Sie Schule gekommen? Sie sollten noch ungefähr 15 Tage zu Hause chillen. Richtisch gesund werden!«

»Aller, bist du dumm, Walmir? Frau Feynberg, Sie sehen perfekt aus. Haben Sie Schönheitsoperation gemacht?«

»Die nächsten Zeugnisse gibt es erst in ein paar Monaten. Du kannst dein Geschleime also bis dahin aufheben! Abgesehen davon, dass das gerade an Beleidigung grenzte.«

»Boah, wie gemein Sie sind. Ich schwör auf Koran, war nicht Schleim, alles ernst! Und ich würd Sie niemals beleidigen! *Niemals.*«

»Du Knecht, schwör ma nicht auf Koran, du kannst den nicht ma lesen, du Opfer! Aber können wir früher Schluss machen? Damit es nicht so anstrengend ist für Sie. Krank und so ist kein Spaß!«

»Ich *war* krank! Jetzt bin ich wieder gesund! Und wir machen bis zur letzten Minute Unterricht! Noch Fragen?«

Schweigen. Dann wäre ja alles geklärt. Ich habe euch auch vermisst, Kinder. Aber nur ein bisschen.

Die Woche läuft richtig gut. Geht doch! Trotzdem sind wir vom Paradies noch etwas entfernt. Melina hat den Satzbau in Englisch auch in der neunten Klasse noch nicht drauf und braucht eigentlich Privatunterricht oder jemanden, der während des Unterrichts nicht von ihrer Seite weicht. Justin kämpft mit dem Dreisatz. Fatih schläft gelegentlich im Unterricht, weil er am Vortag bis ein Uhr morgens im Fitnessstudio war.

»Was schlimm? Meine Eltern wissen doch! Ich will doch Athletiker werden.«

Auch die Umgangsformen und die Alltagsbewältigung wollen noch nicht so, wie sie eigentlich sollten. Mirko hat da einen recht langen Weg im Deutschunterricht vor sich. Es geht um die Anmeldung an einem Oberstufenzentrum.

»Was das Formular? Wieso muss ich diese Scheiße ausfüllen? Ich schwör, wie die mich knechten.«

»Wenn du von denen was möchtest, dann musst du Formulare ausfüllen. Da musst du durch!«

»Diese Wixer, ich hass die. Frau Feynberg, was das ›ledig‹?«

»Ledig heißt, nicht verheiratet.«

»Und wenn ich verheiratet bin?«

»Dann schreibst du verheiratet!«

»Ah so … Und hier steht ›Region‹. Was das? Soll ich da ›Christentum‹ schreiben?«

Am Ende der Deutschstunde machen wir das, was wir immer nach den Zeugnissen machen, wir schreiben eine Liste zum Thema »Meine Ziele«. Es wird nämlich zu viel gequatscht und zu selten werden eigene Fehler erkannt. Von einer realistischen Zukunftsvorstellung rede ich schon gar nicht. Ich habe aber die Hoffnung, dass meine Schüler ihre Vorhaben eher verinnerlichen, wenn sie diese schwarz auf weiß vor sich sehen. Und Ziele zu haben, an die man glaubt, ist ja was Schönes. Zu folgenden Überschriften sollen die Schüler etwas schreiben:

- So war das erste Halbjahr für mich
- Das nehme ich mir für das zweite Halbjahr vor
- Das möchte ich in zehn Jahren erreichen

Hier ein paar der Antworten:

»Reich sein und ohne Schulden leben, nicht so wie Michael Jackson.«

»Viel trainieren.«

»Eine sehr schöne Frau besitzen und drei schöne Kinder. Alhamdulillah.«

»Mein Glaube über alles.«

»Einmal Heidepark sein.«

»Shoppen, alles, was ich will.«

»Keine unentschuldigte Tage auf Zeugnis. Aber wenn da zwei Tage unentschuldigt stehen, ist nicht so schlimm, oder?«

»Rechtsanwalt werden.«

»Mercedes fahren. Legal.«

Melina hat ganz andere Wünsche für ihre Zukunft: »Also, Frau Feynberg, ich will auch so viele und so coole Nikes haben wie Sie. Wo haben Sie das gekauft? Haben Sie die bei Kudamm gekauft?«

»Das sage ich dir doch nicht! Stell dir vor, ich komme in die Schule und erblicke dich in den gleichen Turnschuhen. Da müsste ich ja sofort wieder nach Hause und mich umziehen!«

»Bitte, sagen Sie! Ich schwör, ich ziehe die dann nicht in Schule an!«

»Nö!«

»Biiitteee!«

»Es bringt dir doch sowieso nichts. Diese Schuhe sind aus einer alten Kollektion.«

»Kacke! Aber dann sagen Sie mir wenigstens, ob Sie iPhone 4S haben. Haben Sie iPhone 4S?«

Das Ergebnis der Klasse ist: Das erste Halbjahr war nicht sonderlich erfolgreich, im zweiten Halbjahr wird alles besser. Ab jetzt werden Hausaufgaben gemacht, es wird auf Pünktlichkeit und Ordnung geachtet und natürlich gelernt. Ich werde den Schülern ihre Notizen von heute vor den Sommerferien noch einmal vorlegen. Mal gucken, wie viele stolz auf sich zurückblicken können.

»Döner ist da, wo ich bin«

Ein Ausflug ins Kino lässt sich schnell organisieren. Ich muss nur einen Anruf tätigen und das Geld einsammeln, schon steht der Wandertag. Die Schüler freuen sich.

Vor dem Gebäude empfängt mich Yunus und streckt mir sein Handgelenk ins Gesicht.

»Gucken Sie, Frau Feynberg, ich habe eine Breitling.«

»Wozu brauchst du denn so eine teure Uhr?«

»Keine Sorge, die ist Fälschung, hat mein Vater Türkei gekauft. Aber wissen Sie, wenn ich später Business mache, müssen die Leute doch sagen: ›Der hat ’ne krasse Uhr, ist beliebt, Geschäfte laufen und so!‹ Und dann sagen die: ›Ey, Geschäfte laufen, kauf ich auch was bei dem!‹ Verstehen Sie?«

»Erst Abschluss machen und dann über Geschäfte nachdenken. Verstehst du?«

»Ja, Frau Feynberg.«

Um halb zehn sind wir verabredet, um 9.50 Uhr werde ich langsam nervös. Ein paar Jungs fehlen: Tuncer, Bülent, Fatih, Emre, Jannes und Max. Ganz schön viele. Ich beginne mir Sorgen zu machen. Sie wurden von der Polizei angehalten oder irgendwas anderes Schlimmes ist passiert. Zwischendurch denke ich: »Feynberg, bleib mal auf dem Boden der Tatsachen. Die haben verschlafen, sich verfahren oder haben einfach Lust, sich zu verspäten!« Und tatsächlich: Um 9.59 Uhr bekomme ich eine SMS von Tuncer. »Pls sorry. Wir kommen so in 20 Minuten. Nur wegen Bülent. Der wollte MCs. MFG BFMET.« Die Aufzählung ist nicht vollständig. Jannes fehlt. Er hat wohl verschlafen. Soll ich mich jetzt freuen, dass sie wenigstens Bescheid gegeben haben – einigermaßen höflich Bescheid gegeben haben – und sie dafür loben oder wenigstens ein bisschen ausrasten und schimpfen?

Die anderen Schüler sind schon im Kinosaal, die Türen werden geschlossen. Na super. Der Film fängt ohne mich an, denn ich muss auf die Jungs warten. Jetzt kann ich nur noch auf Werbung hoffen. Verdammt. Ich bleibe an der Eingangstür stehen und warte. Um 10.23 Uhr kommen die Herrschaften an. Ganz langsam und genüsslich Burger und Pommes essend. Meine Entscheidung für eine Vorgehensweise steht fest: Einmal Kopf waschen. Alle sind da, außer Jannes. Wie erwartet. Jannes gehört zu den Dauerschwänzern. Ich schätze, dass er in diesem Moment immer noch schläft und dass er das noch mindestens bis zum Mittag tun wird. (Vormerken: Schulversäumnisanzeige ausfüllen. Hoffen, dass diesmal jemand reagiert.)

Tuncer kommt direkt auf mich zu. Immer noch langsam. Zu langsam dafür, dass die Verspätung dermaßen ins Gewicht fällt.

»Frau Feynberg, war nicht meine Idee. Ich schwör auf alles, was geht.«

Er guckt mich mit dem bravsten Blick, den er draufhat, an und hebt beide Hände.

»Interessiert mich doch nicht, wessen Idee es war! Ihr seid fast eine halbe Stunde zu spät!«

»Alles wegen Bülent, dem sein Hunger! Junge, hast du nix zu fressen zu Hause? Was los mit dein Kopf? Opfer, ey …«

Bülent lässt nicht alles auf sich schieben.

»Oglum, mein Sohn, was redest du? Alle wollten!«

»Eine Frage habe ich noch. Wie kann man so früh Burger und Pommes essen?«

Fatih guckt erstaunlicherweise die ganze Zeit zu Boden. Sein Strafregister dieses Jahr ist schon ziemlich lang, wahrscheinlich hat er deswegen beschlossen, sich nicht dazu zu äußern. Dafür ergreift Max das Wort: »Ich schwör: Das geht! Burger zum Frühstück – Beste, was gibt!« Er grinst über beide Ohren.

»So, Jungs, ich bekomme morgen von jedem jeweils ein Blatt mit dem Aufsatz zum Thema ›Warum muss ich zur Arbeit pünktlich erscheinen?‹ und eine weitere Seite mit euren Gedanken zum Thema ›Was versteht man unter gesunder Ernährung?‹ Mit der Unterschrift eurer Eltern, versteht sich.«

»Was für Arbeit, lan? Das ist doch keine Arbeit? Das ist Ausflug. Nur weil wir bei McDonald's waren? Geht nicht eine Seite?«

»Nein, Max, ›nur‹, weil ihr zu einer Pflichtveranstaltung zu spät seid und ich nicht das Gefühl habe, dass es euch leidtut! Es gehen auch drei Seiten!«

Sie drehen sich langsam um und bewegen sich Richtung Kinosaal. Wie schön, endlich mal keine Widerrede.

Plötzlich bleibt Emre stehen und grinst: »Frau Feynberg, waren Sie schon mal in diesem … wie heißt das Ding? Ähhmmm, Zimbabwe?«

»Wie kommst du denn darauf? Sind jetzt bei McDonald's Afrika-Wochen oder was?«

»Neeein, nur so.«

Ah so. Dann kann der Film ja beginnen.

Emre und ich kommen als Letzte rein. Ich bete, dass keine anderen Zuschauer im Saal sitzen. Meine Gebete werden erhört. Zum Glück läuft noch Werbung. Puh, gerade noch pünktlich.

»Was gucken wir eigentlich?«, fragt Can.

Mindestens fünfmal habe ich das der Klasse gesagt.

»Ziemlich beste Freunde.«

»Hä? Ich dachte irgendwas mit Zeichentrick! Wieso sagen Sie das nicht vorher?«

Kaum hat der Film angefangen, beschwert sich Can weiter: »Stellen Sie sich das mal vor, die nehmen hier zwei Euro für eine große Popcorn. Die denken auch, ich bin Millionär. Bei Aldi kostet so 'ne Packung bestimmt zwei Cent. Und die Sitze sind zu klein.«

Darauf *muss* Gülcan antworten: »Alta, Can, die Sitze sind nicht zu klein, du bist zu fett!«

»Gülcan, schaffst du es vielleicht, einen Tag lang auf Beleidigungen und Kraftausdrücke zu verzichten?«

»Niemals! Na gut, ab morgen. Wetten wir? Zwei Euro?«

Die Vorstellung ist unerwartet zivilisiert verlaufen. Wenn man folgende Geschehnisse beiseitelässt:

- Lautes Gähnen (und ich meine wirklich lautes) von Betül.
- »Nimm ma Füße weg!« von Can und die Antwort von Zamir: »Kannst du kein Kino gehen? Halt die Fresse jetzt! Halt die Fresse, habe ich gesagt!«
- Sehr sehr laute Musik aus Max' Kopfhörern, denn der »Film ist üüübertrieeeben laaangweilig«. Sehr lautes Rascheln mit allen möglichen Verpackungen.
- Schreie von Gülcan (von der dritten in die letzte Reihe) »Ey, gib ma M&M's her! Aber ich will nur die roten Dinger.«

Ich wusste vorher nicht, dass man Kinobesuche üben muss. Ich frage mich wirklich, ob sich die Schüler genauso benehmen, wenn sie in ihrer Freizeit ins Kino, ins Schwimmbad oder auch Döner essen gehen. Was machen die Jugendlichen eigentlich in ihrer Freizeit? Sie erzählen mir öfters, dass sie eigentlich dauernd unterwegs sind. Tagsüber ist es die Straße mit Döner und McDonald's, die ihre Freizeit prägt. Abends ist es die Spielkonsole. Da ist nichts mit Kultur. Keine Museen, keine Konzerte. Nur die Straße im eigenen Kiez.

Eine halbe Stunde nach Filmbeginn fragt mich Zamir: »Wie lang dauert der Film?«

Fünf Minuten später: »Wallah dickes Auto. Hat der von mir.«

Zehn Minuten später: »Wie lang noch?«

Zwanzig Minuten später: »Das Auto ist echt Knaller.«

Zehn Minuten später: »Noch lange?«

Weitere fünf Minuten später: »Wallah, die ist heiß. Aber zu viele Sommersprossen, ich mag saubere Gesicht. Die findet mich bestimmt geil. Ich hab ja auch Geschmack. Stellen Sie sich vor, Sie wachen morgens so auf und ein Muster guckt Sie an. So Muster auf Gesicht.«

Ich gucke ihn warnend an, damit er endlich Ruhe gibt.

»Aber Sie sind auch ganz schön!«

Als die Zuschauer erfahren, dass Zamirs heiße Angebetete lesbisch ist, schreit er durch den ganzen Kinosaal: »Ist die hässlich, hat die kein Leben? Wallah ich fick die, ich fick die alle!«

Ich könnte im Boden versinken, auch wenn wir alleine im Kino sind. Darüber müssen wir uns aber noch einmal unterhalten. Über das Benehmen im Kinosaal und über diese Ausdrucksweise. Wahrscheinlich auch ein zweites Mal.

Fünf Minuten später: »Ist der immer noch nicht zu Ende? Was ein Drecksfilm, ich schwör … Wallah …«

Als endlich der Abspann läuft, springt Zamir auf und rennt zum Ausgang.

»Können wir jetzt gehen?«

»Guck zur Leinwand, da kommt jetzt noch etwas. Das musst du lesen.«

»Nee, keine Zeit. Umut, kannst du für mich lesen und morgen erzählen?«

»Nachdem du mich die ganze Vorstellung genervt hast, möchte ich aber jetzt wissen, wohin du so dringend musst!«

»Man, Frau Feynberg, übertrieben wichtig. Ich muss mein Legohaus fertig bauen!«

Total erleichtert, dass wenigstens die Einrichtung des Kinos heil geblieben ist und wir uns da noch einmal blicken lassen können, verlasse ich den Saal. Zamir ist natürlich schon längst über alle Berge. Die Mädels und ein paar Jungs bleiben noch kurz bei mir stehen. Das sind die schönen Momente des Lehrerberufs.

»Ich drehe mich so um nach links und sehe: Sie weinen! Was weinen Sie denn? Film war doch nicht so traurig. Lehrer weinen doch nicht!«, beginnt Max das Gespräch.

Betül guckt mich mit großen Augen an: »Lass sie mal in Ruhe. Sie weiß Bescheid, sie weint immer. Immer wenn wir in der Schule irgendwelche Filme gucken. Bisschen Liebe oder bisschen Krieg. Und Frau Feynberg weint.«

»Stimmt, ich weine ganz schön oft im Kino, aber es gab eben viele emotionale Momente!«

Alle übrig gebliebenen Schüler gucken mich weiterhin fassungslos an.

»Ihr habt doch keine Ahnung! Das sind Gefühle …«

Vor Aufregung springt Jocelyn kurz in die Luft.

»Stimmt doch gar nicht, ich habe Gefühle! Ich bin voll sensibilisiert!«

Max schaut mich prüfend an: »Frau Feynberg, ist steifer … na Sie wissen schon … Penis eigentlich auch ein Gefühl?«

»Wie kommst du denn jetzt auf die Frage?«

»Na ja, das Opfer … also ich meine, der Typ im Rollstuhl, der konnte doch nicht. Sie wissen schon … was.«

Fatih kommt meiner Antwort zuvor: »Aber dieser Schwarze – miese Muskeln. Todesbreit. Wie ich. Was meinen Sie, wie viel der Bank drückt? Vielleicht treffe ich dem McFit? Und war das ein echter Maserati? Wenn nicht, ergibt der Film gar keinen Sinn. Und war schon bisschen scheiße gedreht. So bisschen wenig Licht bei Szenen mit der Frau. Franzosen … die haben es nicht so drauf. Ich mag viel mehr Filme aus Amerika. So wie ›Blutzbrüdaz‹.«

Wir machen eine kleine Abstimmung, den meisten hat der Film sehr gut gefallen. Nur Nathalie scheint nicht so begeistert zu sein.

Fatih meldet sich zu Wort: »Alta, dein Ernst? Es kann nur zwei Möglichkeiten geben. Entweder du hast den Film nicht verstanden oder … Mädchen, bist du blind?«

Nathalie weiß gar nicht, was sie darauf antworten soll.

Und schon äußert sich Walmir: »Schon guter Film, bisschen traurig, sehr lustig. Am Lustigsten fand ich es, als er den Baum auf der Bühne gesehen hat. Aber als die Frau am Ende da kam und der Mann im Rollstuhl dem Schwarzen so dankbar war, war schon rührend. Und wie er am Ende seinem Cousin geholfen hat …«

Fatih scheint sich Sorgen um mich zu machen: »Die fand ich gut, die dann kam. Und red ma nicht, Frau Feynberg fängt gleich wieder an zu heulen!«

Plötzlich hat auch Murat eine Frage.

»Der Film war doch französisch? Schreibt man Croissant so? Ist doch auch französisch?«

Er buchstabiert das französische Wort und zeichnet gleichzeitig die einzelnen Buchstaben in der Luft nach.

»Bist du dumm? Doch nicht mit ›e‹ hinten!«

»Doooch, in Französisch wird ›e‹ hinten nicht gelesen! So wie bei au revoir. Schreibt man doch auch mit ›e‹ hinten, oder?«

»Frau Feynberg, können wir bald ›Blutzbrüdaz‹ gucken?«

»Auf gar keinen Fall! Und jetzt ab nach Hause mit euch!«

»Frau Feynberg, wer geht denn jetzt nach Hause? Was soll man da? Wir gehen jetzt Döner essen.«

»Oh, wo esst ihr denn immer? Wo gibt es denn einen guten Döner, ihr könnt mir doch sicherlich etwas empfehlen?«

»Maaan Frau Feynberg. Nicht ich gehe zum Döner. Döner ist da, wo ich bin!«

Wo habt ihr mich hingebracht?

Noch vor einem Monat war ich in Moskau »die Jüdin« in der Klasse, nun war ich »die Russin«. Die Schule in Deutschland machte mich alles andere als glücklich. Ich kam in die vierte Klasse. Genau einen Monat später kam Nelja in unsere Klasse. Sie war genauso verloren und auf die Zukunft in der neuen Heimat gespannt wie ich. Migration verbindet, und so waren wir wenigstens zu zweit – gegen den Rest der Schüler. Nelja und ich sind bis heute beste Freundinnen.

Kinder können gemein sein, sehr gemein. Mir wird immer noch schlecht, wenn ich an die ersten beiden Jahre in Deutschland denke. Kein Wort Deutsch, kein Geld für angesagte Klamotten, kaum Freunde. Und ganz viele Kinder um mich rum, die sich lustig machten. Ich besuchte die jüdische Grundschule und hatte keine Ahnung von meiner Religion. Als ich eine Mitschülerin, die mir vertrauenswürdig schien, fragte, ob ich auch so eine Kippa, eine Kopfbedeckung, benötigte, lachte sie nur laut. Im Religionsunterricht lernte ich dann, dass nur Jungs eine Kippa tragen.

Möglichst schnell wollte ich so werden wie die anderen. Dazu gehörte eine heiß ersehnte Chevignon-Daunenjacke. Ich träumte Tag und Nacht davon. Hauptsächlich, weil bis auf wenige Ausnahmen fast alle Schüler meiner Klasse eine solche Jacke besaßen. Es gab nur ein Problem: Sie kostete

300 DM. Viel zu viel Geld, das meine Eltern nicht hatten. Das Leben musste also ohne diese Jacke weitergehen.

Heute nennt man das Mobbing, was damals mit uns geschah. Wenn Nelja und ich versuchten, Deutsch zu sprechen, wurden wir ausgelacht. Klar, unser deutscher Wortschatz ließ zu wünschen übrig und der russische Akzent war auch nicht zu überhören. Was liegt für ein Schulkind näher, als sich über die Aussprache eines anderen Kindes lustig zu machen? Deshalb sprachen wir Russisch miteinander. Bis dahin war es die einzige Sprache, mit der wir uns wohlfühlten und die wir perfekt sprachen. Auch das passte unseren Mitschülern nicht, logisch. Sie verstanden kein Wort, fühlten sich ausgeschlossen und petzten beim Klassenlehrer. Der wiederum rief jeden Freitag in der ersten Stunde den »Klassenrat« aus. Wir setzten uns zusammen, taten so, als wären wir eine Klassengemeinschaft und redeten über unsere Probleme. Leider hieß die Lösung des Klassenlehrers: »Es ist doch verständlich, dass die anderen sich verärgert fühlen, wenn ihr Russisch sprecht. Ihr müsst Deutsch sprechen!« Klar mussten wir das. Meine Schüler müssen ja auch in der Schule Deutsch sprechen, so steht es in der Schulordnung. Auf die Hänseleien unserer Mitschüler wurde aber mit keinem Wort eingegangen. Unter solchen Bedingungen trauten wir uns nämlich kaum in der Fremdsprache zu sprechen. Heute gibt es noch ganz andere Zusammensetzungen in den Klassen, aber die Lehrer wissen besser damit umzugehen.

Die Kindergeburtstage, die damals gefeiert wurden, waren aufregend. Mal wurden die Mitschüler zum Bowlingspielen, mal ins Schwimmbad, mal ins Kino eingeladen. Jedes Mal, wenn ein Kind eine Einladung austeilte, guckte ich gierig auf die Kärtchen in den Händen meiner Klassenkameraden und hoffte von ganzem Herzen, eine zu bekommen. Kindergeburtstage waren nur leider die nächste Möglichkeit, um uns zu zeigen, dass wir nicht dazugehörten. Nelja und ich wurden nie eingeladen.

Als wir mit der Klasse einen Ausflug in einen Tierpark machten, in dem man die Tiere füttern konnte, zeigte sich wieder einmal unsere phänomenale Klassengemeinschaft. Der coolste Junge der Klasse kam auf uns zu, hielt die Hand auf und reichte uns etwas Tierfutter: »Hier, fresst, ihr seid doch Tiere!«

Diese und andere Geschehnisse waren mir für meinen späteren Beruf eine Lehre. Die Ideen, die ein Kind hat, kommen von den Eltern. Ein Kind wird nicht schlecht geboren. Es wird dazu erzogen.

»Wer noch keinen Dreier hatte, steht auf«

Valentinstag. Endlich. Die Mädchen sprechen seit zwei Wochen darüber – mit Vorfreude und sicherlich auch ein bisschen Hoffnung. Wenn nicht dieses Datum zu einer positiven Stimmung innerhalb der Klasse beiträgt, dann weiß ich auch nicht. Heute ist Harmonie angesagt.

Ich schreibe das Datum an die Tafel und daneben male ich ein Herz.

»Ey Frau Feynberg, haben Sie heute Geburtstag?«

»Nein, heute ist doch Valentinstag und wir haben uns alle lieb. Stimmt's? Schimpfwortfrei.«

»Schuuu Frau Feynberg, wir haben Sie jeden Tag lieb! Aber kann man Schimpfwörter benutzen? Biiitteee. Sonst ist unlustig.«

»Man kann auch anders lustig sein. Ab jetzt kein Schimpfwort mehr. Alles klar?«

Die Klasse ist sichtlich unzufrieden. Plötzlich höre ich Isabel. Ich habe sie noch nie so heulen hören. Sie schluchzt und kann kaum ein Wort rausbringen. Es gibt eindeutig ein Problem. Die Suche nach einer Lösung wird Ewigkeiten dauern. So, Frau Feynberg, verabschiede dich von deiner Geschichtsstunde …

»Aber ich liebe ihn doch so!«

»Habt ihr euch getrennt?«

»Nein. Aber er macht bestimmt Schluss heute und wir waren ein Jahr zusammen! Er hasst mich.«

Die arme Isabel, wie soll ich sie bloß beruhigen? Zum Glück gibt es da andere, die um einen Rat nicht verlegen sind. Jannes zum Beispiel: »Ey Isabel, guckst du RTL? Bachelor sucht immer eine. Und die Frauen, die da sind, die suchen auch noch und die sind übertrieben alt. Ich schwör! Du triffst bestimmt noch viele schöne Jungs, bist ja noch jung!«

Isabel lässt sich nicht beruhigen.

»A-a-a-a-ber i-i-ich will nur i-i-ihn.«

Schluchz. Schluchz. Schluchz. Da sitzt ein Häufchen Elend vor mir.

»Wie alt sind die denn da, in dieser Sendung?«

»Die eine, die ist … glaube ich … schon 35!«

»Sooo alt sind die?«

Auch Zamir scheint die Sendung zu kennen. »Ey, die sind krass hübsch, aber übelst dumm! Aber die eine Spanierin, wenn die mich sehen würde … Ich würde dann so ›amiga, willst du meine Muckis sehen?‹ zu ihr sagen.«

Ich muss mich da jetzt einmischen, schließlich haben wir nicht ewig Zeit: »Hey Zamir, ich habe eine Superidee! Fängst du jetzt an, Spanisch zu lernen? Das bringt dich bestimmt im Leben weiter und ist für die Ausbildung auch nicht schlecht!«

»Der geht jedes Jahr Ballermann, der kann schon«, ruft Yunus.

»Was Ballermann? Halt die Schnauze, du Hund! Wenn du sprichst, heulen alle, so eklig ist deine Stimme.«

Inzwischen hat sich Isabel etwas beruhigt. »Dieser Bachelor, der ist gar nicht mein Typ und der Name Jan … geht gar nicht. Voll Deutsch.«

Wie hieß ihr (Ex-)Freund noch mal? Glaube, es war nicht Jan. Sonst könnte man die Abneigung gegen den Bachelor verstehen.

»Aber ist der reich? Miese Villa. In … wie heißt diese Land noch mal? Gehört das alles ihm?«

»Südafrika heißt das Land.«

»Hä? Frau Feynberg, haben Sie gut geguckt? Südafrika ist doch Kontinent, kann gar nicht Land sein.«

»Wenn der reich ist, dann kann er voll ruhig heiraten. Dann hat er doch genug Geld für Scheidung. Heiraten – fertig. Kein Bock mehr – fertig. Wallah ich schwöre, ich mach das so! Stimmt's Frau Feynberg, man darf erst heiraten, wenn man so fünfzigtausend hat?«

»Was du redest! Man kann auch den Mann lieben. Nicht nur Geld immer. Frau Feynberg, sind Sie reich? Lehrer sind alle reich«, stellt Nafisa zufrieden fest.

Gülcan scheint ausgiebig beobachtet zu haben, denn sie sagt: »Klar ist Frau Feynberg reich. Sie hat jeden Tag andere Schuhe an oder haben Sie Schuhladenfabrik überfallen?«

»Was soll denn eine Schuhladenfabrik sein? Abgesehen davon stehe ich nicht wirklich auf Straftaten.«

»Wieso nicht?«

»Ich arbeite, ich kann mir gewisse Dinge leisten. Macht euren Abschluss, eine Ausbildung, dann könnt ihr euch auch etwas leisten … Schuhe, iPhone, Auto. Alles, was ihr wollt.«

»Legal leisten oder was?«

»Ganz legal, denn in die Schule gehen ist sinnvoll – auf die Zukunft bezogen. Ihr werdet es nicht glauben, aber es ist so.«

»Schule mieft nach Scheiße … nein, Spaß … nach Blumen … nein nach Strand. Und Sonne.«

»Wallah ist der Efkan übertrieben Reisebüro geworden.

Willst du uns All-inclusive-Türkei verkaufen? Macht der Werbung hier … der Opfer!« Gülcan verdreht die Augen und seufzt nachdenklich.

Zamir kehrt zum Thema zurück. »Die Frauen bei diese Bachelorsendung, die sind so dumm, die glauben, dieser Mann dort ist reich. Nur weil der so ein Körper hat wie ich. Der bekommt bestimmt Hartz IV in Berlin oder jobbt in Strip Club. Wallah, geile Idee, kann ich Strip-Club-Praktikum machen? Oder bei Zuhälter?«

»Mach doch bei ›Beate Uhse‹, dann kannst du sagen, du hast Praktikum bei Einzel… wie das Ding heißt … Laden gemacht«, schlägt Efkan vor.

»Im Einzelhandel.«

»Mein ich doch.«

Jocelyn, die sich die ganze Zeit um Isabel gekümmert hat, mischt sich nun auch ein:

»Zamir, du Spast, siehst du nicht, sie heult? Hör ma auf so 'ne Scheiße zu labern. Stell dir vor, du triffst cooles Mädchen. Wie in ›Twilight‹. Die bekommst du so nicht! Die gibt dir 'nen fetten Korb und so. Komm ma klar auf dein Leben! Frau Feynberg, haben Sie ›Twilight‹ gesehen?«

»Nein, habe ich nicht!«

»Niiicht? Sie müssen ›Twilight‹ gucken, Sie schmelzen dahin! Wie ein Magnum.«

»Ich glaube nicht.«

»Doch, gucken Sie! Die Schauspieler von dem Film, die machen ein Comeback. Ist noch nicht zu Ende.«

Zamir steht wohl genauso wenig wie ich auf ›Twilight‹. Ihn interessiert eher das wahre Leben:

»Ey Jocelyn, du hast keine Ahnung, ich krieg die alle. Ich nehm dann eine, die ist breiter als ich, die gibt dir so Bombe! Da fliegst du bis nach Bagdad!«

Auch Justin scheint plötzlich an der Unterhaltung interessiert zu sein: »Jocelyn, was rastest du so aus? Hast du Erdbeerwoche?«

Sie läuft rot an. »Frau Feynberg, haben Sie das gehört, was er zu mir gesagt hat?«

Justin guckt mich mit großen Augen an. Genau diesen Blick setzt er auf, wenn er Angst vor einer Strafe hat: »Frau Feynberg, wollten Sie gerade ausrasten? Bleiben Sie ruhig … Oder machen Sie Antiaggressionstraining.«

»Nee, ich wollte mit der Stunde beginnen. Weder ausrasten noch ein Antiaggressionstraining machen.«

Ich schicke Isabel mit Jocelyn raus und bitte die Klasse, ein Blatt zu nehmen. Fatih springt auf.

»Hebt ma alle einen Fuß hoch!«

»Fatih, was hast du denn vor, wenn ich fragen darf?«

»Sehen Sie nicht?«

»Ein Fußabdruck auf deinem Blatt ist noch lange kein Grund, hier Aerobic-Übungen zu veranstalten.«

»Aber wie soll ich jetzt schreiben? Auf so ein Blatt? Ich muss kontrollieren, welcher Huren…«

»Sprich es ja nicht aus!«

»Na gut, weil Sie es sind.«

Oh, manchmal könnte ich sie alle umarmen. Eine Portion Liebe für alle. An diesem Valentinstag.

Überstanden. Jetzt nur noch zwei Stunden in der zehnten Klasse, danach nachsitzen mit denen, die vergangene Woche zu spät waren. Dann habe ich den Tag überlebt. Ich mag zehnte Klassen, da macht der Unterricht Spaß. Die haben es begriffen, die wollen was lernen und haben Ziele. Meistens. Ardil nicht, er hat nur ein Ziel: Sex. Er ist schon 18, er darf. Ardil berichtet täglich von seinem Training bei McFit, von seinen Traumautos und von den »geilen Bräuten«, die Schlange stehen, um bei ihm landen zu können. Angeblich.

»Frau Feynberg, ich brauch Ihre Hilfe, ist todeswichtig. Ich finde da so eine … geil.«

»Herzlichen Glückwunsch.«

»Ist aber bisschen problematisch, weil na ja … sie ist 13. Krieg ich Ärger, wenn ich mit ihr … na ja … Sie wissen schon …«

»Geschlechtsverkehr hast?«

»Ja genau, Sex. Ist schlimm?«

Er wird rot, irgendwie süß.

»Na ja, du müsstest ein paar Jährchen warten, sonst machst du dich strafbar. Aber wenn das Warten sich lohnt …?«

»Lange?«

»Bis sie 16 ist.«

Seine Antwort kommt wie aus der Pistole geschossen: »Nee, dann find ich sie doch nicht so geil.«

Nach dem Unterricht bleiben noch drei Minuten Zeit. Ich erlaube den Schülern, sich leise zu unterhalten. Ein paar Jungs kommen zu mir nach vorne und erzählen von ihren Berufswünschen. Ardil ist auch dabei.

Mitten im Gespräch sagt Ardil: »Ich werd Zuhälter, geiler Job, man. Wer noch keinen Dreier hatte, steht auf.« – »Cüüs, Frau Feynberg sitzt noch! Uuuuuh, was geht, Frau Feynberg? Dreier und so?« Zuhälter ist der neue Rapper.

Zurück zu meiner Klasse. Dort ist Zamir mein Wochenstar. Wären wir bei McDonald's, würde sein Porträt jetzt in der »Mitarbeiter des Monats«-Galerie hängen. Ich sollte auch so etwas einrichten. Schön transparent machen, wer, wann, warum nachsitzen muss. In der achten Stunde nachsitzen ist ein Genuss für alle Beteiligten. Wenn Zamir dabei ist, ist es Genuss hoch zwei. Heute ist es wieder so weit. Da mir diese Ehre jede zweite Woche zuteilwird, kenne ich den Ablauf dieser Veranstaltung bereits auswendig.

Nach zehn Minuten beginnt er sich zu beschweren, dass er nachsitzen muss. Alle anderen stehen doch auch im Klassenbuch und alle waren laut und haben mit Stühlen geworfen und er hat gerade jetzt alle möglichen Schmerzen, die ein Mensch haben kann.

Nach zwanzig Minuten kommt er zu seinem Lieblingsthema Sex und Frauen, oder er zieht seine »Guckt-alle-her-ich-bin-so-geil-Nummer« ab.

Nach weiteren zehn Minuten fragt er fast heulend, wann er nun endlich gehen kann.

Fünf Minuten später halte ich es nicht mehr bis zum Klingeln aus und lasse ihn gehen.

Mandy und Nafisa leisten uns Gesellschaft. Auch sie sind heute zu spät gewesen. Und gestern. Und vergangene Woche.

»Ey Frau Feynberg, bittte, ich schwör, ich hab krasse Kopfschmerzen. Muss ich nachsitzen? Kann ich nicht am Montag nachsitzen, Aufgaben zu Hause machen oder so? Ich mach auch Ordnungsdienst.«

»Nein. Mandy und Nafisa sind heute für die Ordnung zuständig, für dich ist das hier vorgesehen.«

Ich reiche Zamir das Arbeitsblatt, das er bearbeiten muss. Er guckt entsetzt drauf.

»Boah, was haben Sie denn schon wieder angestellt?«

»Wie, was habe *ich* angestellt?«

»Na, wie viel ich abschreiben muss! Wieso kopieren Sie so viel? Ich gehe zur Polizei und beschwere mich. Aber ich will nicht, dass man Sie feuert. Deswegen erzähle ich nicht alles. Warum sind Sie so?«

Derweil sitzen Mandy und Nafisa in der Ecke des Raumes und quatschen.

»Mandy, Nafisa! Habt ihr schon Ordnungsdienst gemacht? Ich kann nicht wirklich behaupten, dass die Klasse glänzt!«

»Geben Sie zu, wenn ich drin bin, ist die Klasse hübscher. Die leuchtet wie die Sterne.«

Zamir grinst über beide Ohren. Aha, wir sind in Phase zwei der Stunde angekommen.

Ich lasse mich nicht vom Thema abbringen: »Ich habe den Ordnungsdienst als Schülerin auch gehasst. So sehr ich euch verstehe, da müsst ihr durch.«

»Zu Ihrer Zeit gab's schon Ordnungsdienst?«

Nee, da gab es noch keine Besen und keine Tafelschwämme, geschweige denn Tafeln, die man wischen musste. Und Unterricht hatten wir irgendwo auf einer Wiese. In Mathe mussten wir dann Kühe zählen.

»Zamir, gibst du mir bitte dein Mitteilungsheft, damit ich das Nachsitzen eintragen kann?«

»Nee, machen wir ›Schere-Stein-Papier‹. Wer gewinnt, bekommt das Mitteilungsheft.«

»Mitteilungsheft her! Aber zackig!«

»Na gut, aber dann malen Sie tausend Smileys rein! Damit meine Mutter sich freut. Sie wissen, dass ich mich eigentlich benehmen kann!«

Nach zwei Sekunden ist er schon wieder bei seinem Lieblingsthema: »Boah, ich war gestern Friedrichstraße, da laufen so sexy Mädchens. 90-60-90.«

Nafisa reagiert auf Zamirs Ausführungen: »Ja, weißt du denn nicht? In Berlin laufen immer so viele Models! Frau Feynberg, ist Berlin nicht so … Modestadt oder so? Wieso guckst du so Frauen immer so an?«

»Aber Mädchen! Das sind Models! Models!«

»Zamir, willst du jetzt nicht mal lieber arbeiten?«

»Frau Feynbeeerg, ich will die Models klären. Dann würde ich die zu Eis einladen oder so. Sogar Sie würden sich in diese Frauen verlieben und in Ohnmacht fallen! Ich verspreche es Sie!«

»Hauptsache ich werde hier nicht von deiner Faulheit ohnmächtig.«

»Ich bin fleißigster Schüler, wo gibt. Kann ich jetzt gehen bitte? Ich hab in zwei Stunden Training, muss mich noch ausruhen und essen und Playsi zocken. Ich habe doch schon die Hälfte von Aufgaben!«

Endlich sind die vierzig Minuten um.

»So Herrschaften, Blätter abgeben und dann könnt ihr gehen. So schnell will ich euch hier nicht mehr sehen und mit euch nachsitzen!«

»Also ich will schon mit Ihnen, aber nicht nachsitzen … also, was denken Sie jetzt? Ich will mit Ihnen Unterricht machen!«

März

»Deine Klasse war heute echt super!«

Ich besuche Can an seinem Praktikumsplatz. Ehrlich gesagt erwarte ich das Schlimmste. Aber es kommt anders. Can sitzt am Schreibtisch und lächelt mich an, als ich zur Tür reinkomme. Er winkt mir zu und lächelt. Er springt nicht, schreit nicht, singt nicht. Er sitzt nur ruhig vor dem Computer. Seine Augen glänzen irgendwie.

»Guten Morgen, Frau Feynberg. Wie geht's Ihnen?«

Ich bin sofort besser gelaunt.

»Gut, danke! Und selbst?«

»Gut! Möchten Sie einen Kaffee?«

»Oh ja, genau das, was ich jetzt brauche!«

Can eilt in die Küche und ich kann es nicht fassen. In diesem Moment kommt seine Chefin. Auch sie lächelt und fängt an zu erzählen. Can gesellt sich zu uns. Ich weiß nicht, wann dieser Junge das letzte Mal so viel Lob gehört hat. Wie toll er alles macht, wie pünktlich, zuverlässig, hilfsbereit Can ist. Wie gut er seine Aufgaben erledigt, wie bemüht und interessiert er ist. Can sitzt da und wird rot. Man merkt sofort, er wird hier gebraucht und kann viele Erfolge feiern. Sie sind ganz klein, diese Erfolgserlebnisse, aber es gibt sie. Endlich kann er einen Sinn erkennen in dem, was er tut. Huch, eine Rechnung schreiben – ich brauche Mathe. Huch, ein englischsprachiger Kunde muss bedient werden – ich muss Englisch beherrschen. Huch – vielleicht sollte ich in der Schule was tun und meine Kenntnisse erweitern.

Ich schaue Can genauer an und kann eine Mischung aus Scheu und Stolz erkennen. Für uns beide ist es eine neue Situation, ein neues Umfeld. Er ist stolz. Ich jedenfalls. Und überrascht, auch von mir. Davon, wie wenig ich meinen Schülern manchmal zutraue und wie schnell sie in Schubladen gesteckt werden. In diesem Moment liebe ich meinen Beruf noch ein bisschen mehr als vorher. Weil diese Jugendlichen vor meinen Augen eine Wahnsinnswandlung vollziehen, weil sie sich freuen, mich zu sehen und weil es so wichtig ist, was wir tun. Weil es so wichtig ist, jeden einzelnen von ihnen zu beachten und zu fördern, statt die so unterschiedlichen Schüler in eine Gruppe zu stecken und sie nach demselben Muster zu unterrichten.

Nach Can besuche ich Abdul und Mirko. Die Schwierigsten der Schwierigen. Während der Gespräche höre ich kein einziges Mal »aller«, »wallah« oder »miesgeil«. Hier wird auch nicht geschworen. Weder auf den Koran noch auf die Mutter. Auch sie glänzen, auch hier ist man mit ihnen zufrieden. Genau das brauchen sie. Lob, Anerkennung und das Gefühl, gebraucht zu werden. Schön, dass ich sie dabei begleiten kann. Wow!

Auch als das Praktikum zu Ende ist, spüre ich die Auswirkungen des Berufsalltags. Die Mathekollegin empfängt mich mit einem Lächeln. Sie beginnt den Satz mit: »Deine Klasse …« Ich erwarte Schlimmes. Aber nein! »Deine Klasse war heute echt super! Alles, was ich geplant hatte, funktionierte. Die haben sehr gut mitgemacht!«

Tee mit heissen Himbeeren

Mamas Eltern folgten uns zwei Jahre später nach Deutschland und fünf Jahre nach unserer Ausreise kamen auch Papas Eltern nach. Nun hatten meine Eltern vier aufopferungsvolle Unterstützer, die auf uns Kinder aufpassten, unsere Hausaufgaben betreuten, uns bekochten, uns von der Schule abholten und sich um uns kümmerten, wenn wir krank waren.

Ich hatte zwar mit dem Umzug zu kämpfen und musste mich im neuen Heimatland zurechtfinden, aber als Kind geht das Eingewöhnen meist schnell. Menschen, die fast ihr ganzes Leben in einem anderen Land verbracht haben und in einem hohen Alter emigrieren, müssen sich wohl eine Weile länger auf das Neue einstellen. Obwohl Deutschland für meine Großeltern manchmal immer noch so unverständlich ist wie Chemie für mich, sind auch sie heute weit entfernt von Russland und können sich nicht mehr vorstellen, dort zu leben.

Bis heute sprechen meine Opas in Supermärkten und Ämtern eine Mischung aus Jiddisch und einer selbst erfundenen Sprache und denken, sie würden Deutsch perfekt beherrschen. Meine Oma zeigt alle Briefe meiner Mutter und sagt, dass der »Bescheid« gekommen ist. Mama verfasst eine Antwort und Oma liest diese immer »Korrektur«, schließlich wird da in ihrem Namen geschrieben. Beim Arzt übersetzen wir die Fragen des Mediziners ins Russische und Opa antwortet auf Jiddisch. Oma fragt gleichzeitig, wie viele Tabletten er wann einnehmen soll. Tohuwabohu. Ich erinnere mich an einen Besuch beim Kardiologen. Schon auf dem Weg zum Arzt wurde ich das Gefühl nicht los, dass nach dieser Fahrt ich diejenige sein würde, die ganz dringend Medizin braucht und nicht mein Opa.

»Oma, wo ist denn die Praxis genau? Ich muss wissen, wo ich nach einem Parkplatz suchen soll.«

Oma zeigt mit dem Finger auf ein modernes Gebäude: »Genau da. Park doch hier.«

»Hier ist ein Busparkplatz. Ich darf hier nicht parken.«

Opa dreht sich mit einem knallroten Kopf nach hinten und schreit: »Bist du verrückt geworden? Die Praxis ist um die Ecke!«

Oma ist plötzlich ganz leise. Die Praxis ist also wirklich woanders.

»Kinder, vertragt euch. Wenn die Praxis tatsächlich um die Ecke ist, dann kann ich trotzdem schon mal nach einem Parkplatz suchen.«

»Ja, kannst du«, antwortet Oma sichtlich genervt, »park doch hier!«

»Oma, hier ist immer noch ein Parkplatz für Busse! Ich kassiere hier garantiert einen Strafzettel.«

»Die verteilen doch hier keine Strafzettel! Für Busse … pfff … ja und? Die anderen stehen doch auch hier. Also darf man hier stehen. Was soll denn schon passieren? Wir bleiben doch nur kurz!«

Wir finden einen Parkplatz. In der Praxis angekommen, werden Opa und ich zum Arzt hineingerufen. Auf dem Weg in das Behandlungszimmer blicke ich kurz zurück und sehe, wie Oma im Wartezimmer schon auf und ab läuft.

»So, dann wollen wir mal gucken. Die Ergebnisse unterscheiden sich von denen der letzten Untersuchung. Frau Feynberg, fragen Sie doch bitte Ihren Großvater, ob er die Dosis der Medikamente reduziert hat?«

Ich habe noch nicht einmal meinen Mund geöffnet, da antwortet Opa schon: »Nein, nein.«

Der Arzt sieht mich verdattert an und runzelt die Stirn: »Hmm, das ist komisch. Nach den Werten hier zu urteilen, *darf* er nur noch eine halbe Tablette morgens nehmen!«

Ich übersetze die Frage des Arztes ins Russische. Opa nickt energisch mit dem Kopf: »Yo, yo. Wenig, wenig.«

Der Arzt scheint zufrieden zu sein. Es folgt ein Belastungstest, Opa muss ein paar Treppen hoch- und runtersteigen und wir sind erlöst.

Draußen läuft Oma auf uns zu. »Nu, was hat der Arzt gesagt?«

»Er hat einen Belastungstest durchgeführt und sagte, alles sei super.«

Opa strahlt, Oma ist geschockt.

»Was für Belastung? Treppensteigen? Das darf er doch nicht! Warum hast du das zugelassen?«

»Oma! Nicht ich habe es ihm verordnet, sondern der Arzt höchstpersönlich! Also darf er das! Außerdem hat die junge Krankenschwester gesagt, Opa habe bessere Leistungen gebracht als sie selbst!«

»Jaaa. Sie, sie … Sie nimmt ja auch nicht so viele Medikamente wie Opa.«

Auf der Straße haben sich die Gemüter beruhigt. Es wird fröhlich geplappert.

»Jo jo, das ist meine Enkeline. Willst du ein bissile Gebäcks haben? Vielen Danke!« Diese Sätze zaubern jedes Mal ein Lächeln auf mein Gesicht. Seht alle her, das ist *mein* Opa!

Am nächsten Morgen bin ich immer noch bei meinen Eltern zu Besuch. Mein Bruder ist auch da. Das Telefon klingelt. Der andere Opa ist dran. Diesmal der Papa von Papa.

»Jascha?«

»Nein, Lea.«

»Jakob?«

»Lea!«

»Ahhhh, Lejochka. Kannst du bitte Jaschenka ans Telefon holen?«

»Nein, er schläft.«

»Er ist weg?«

»Er schläft.«

»Ah so. Kannst du ihn bitte wecken? Ich habe eine wichtige Frage an ihn.«

»Nein, das werde ich sicherlich nicht tun.« Ich verschweige Opa lieber, dass der kleine Jakob erst vor Kurzem nach Hause gekommen ist. »Soll ich ihm was ausrichten?«

»Wann kommt er denn zu uns?«

»Das weiß ich nicht, Opa. Ich bin nicht über seine heutigen Pläne informiert. Er legt mir da keine Rechenschaft ab.«

»Hmmmm … ich wollte nämlich fragen, ob ich für ihn Kartoffeln anbraten soll? Schön knusprig …«

Obwohl wir schon lange aus dem Kindesalter raus sind, kümmern sich unsere Großeltern bis heute um unser Wohlergehen.

»Oh nein, du hast Schnupfen! Du musst sofort Wollsocken anziehen, heißen Tee mit Himbeermarmelade trinken, vor dem Schlafengehen über einem Topf mit kochendem Wasser inhalieren, mit Kamillentee gurgeln, warme Eier auf die Nase legen, heiße Milch mit Honig trinken, dich warm anziehen und eine Woche zu Hause bleiben. Und überhaupt, warum ist dein Hals so nackt? Hast du keinen Schal?«

»Wozu denn einen Schal? Ich habe keinen Schnupfen, mir geht's gut!«

»Trotzdem muss man präventiv handeln! Du darfst doch nicht barfuß auf dem kalten Fußboden laufen! Und warum läufst du mit einer offenen Jacke rum?«

»Draußen ist Frühling. Wir haben mindestens zehn Grad!«

»Na und? Lieber vorsichtig sein! Schadet nicht!«

Auch bei Essen, das man nicht kennt, sollte man misstrauisch sein.

»Was ist das denn?«

»Das ist Sushi.«

»Sehe ich zum ersten Mal. Ist es etwa roher Fisch?«

»Ja, Opa.«

»Aber Lejochka, wie kannst du das essen? Weißt du denn nicht, dass es ungesund ist, rohen Fisch zu essen?«

»Wer sagt das?«

»Wie, wer sagt das? Das weiß man doch … Du kriegst eine Lebensmittelvergiftung! Wenn du Hunger hast, kann ich dir schnell eine Suppe kochen!«

»Das ist wirklich lieb, aber ich habe Appetit auf Sushi!«

»Vielleicht Salat?«

»Nein, ich will Sushi. Deswegen habe ich es mir gekauft.«

»Hmmm, willst du einen Apfel? Die sind super, haben wir heute beim Aldi gekauft. Nur 1,49 Euro!«

»Opa, spiel doch mal eine Runde Solitär.«

»Geht nicht, deine Oma blockiert wieder mal den Computer! Ich brauche dringend so was wie du hast … iPhone? Das ist doch wie ein kleiner Computer, oder? Was kostet so ein Ding?«

Ich habe den Verdacht, dass es nicht nur die Fürsorge ist, die sie dazu antreibt, uns täglich anzurufen. Sie haben ihr ganzes Leben lang gearbeitet und haben plötzlich nichts mehr zu tun, ich schätze, manchmal ist ihnen einfach langweilig. Also rufen sie täglich bei ihren Enkeln an. Meist mehrmals täglich.

»Wie geht es, meine Gute?«

»Gut, gut und wie geht es euch?«

»Gut, gut. Bei uns hat es heute geschneit.«

»Hier nicht, hier scheint die Sonne.«

»Wo ist eigentlich dein Bruder?«

»Opa, ich weiß es nicht, ich habe seit dem Wochenende nicht mehr mit ihm gesprochen.«

»Oj wej! Ihr wohnt doch in einer Stadt? Wie kann man nur einmal die Woche miteinander reden? Dann sage ich dir, dass es ihm gut geht. Ich habe ihn gerade angerufen, er ist in der Uni. Wie läuft's bei ihm in der Uni?«

»Ähm, keine Ahnung! Das Einzige, was ich weiß ist, dass er demnächst in die USA reisen möchte …«

»In die USA?«

In diesem Moment höre ich Oma: »Aber wie will er denn das machen? Wie will er sich dort zurechtfinden? Er spricht doch so schlecht Russisch!«

»Ihr könnt ihn ja selbst fragen, wenn ihr das nächste Mal mit ihm sprecht.«

»Und du könntest uns auch öfters anrufen.«

»Aber … ich schaffe es doch gar nicht, wenn ihr die ganze Zeit anruft.«

»Was?«

»Nix. Ich habe eine neue Telefonnummer zu Hause. Schreib sie dir auf.«

»Ah, stimmt. Das wollte ich dich fragen. Deswegen rufe ich auf dem Handy an. Dein Festnetzanschluss funktioniert nicht.«

»Genau. Ich habe einen neuen Anbieter.«

»Ah so. Dann sag mal.«

»365…«

»356?«

»365, die fünf kommt nach der sechs!«

Im Hintergrund höre ich Omas Stimme. Opa passt das ganz und gar nicht. Er schreit: »Kannst du deine Klappe halten, ich höre nichts! Lejochka, sechs?«

»Neeeein, fünf.«

Diesmal antwortet Oma: »Du machst mich verrückt! Lea, ich ertrage deinen Opa schon so viele Jahre!«

»Spinnst du? Wer erträgt hier wen?«

Ich höre tiefes Ein- und Ausatmen. Von beiden.

»Beruhigt euch jetzt und schreibt lieber die Nummer auf!«

Ich diktiere also noch ein paarmal meine neue Telefonnummer. Ganz langsam.

»So, jetzt habe ich die Nummer notiert. Tschüss, meine Liebe. Wir küssen dich!«

Eine Minute später klingelt mein Handy.

»Lejochka, irgendwie funktioniert das nicht mit deinem Haustelefon. Können wir die Nummern noch einmal abgleichen?«

Ich bin so glücklich, euch zu haben!

»Frau Feynberg, welche Sprache sind Sie?«

Betül sitzt mit trotzigem Gesichtsausdruck vor dem Klassenzimmer.

»Betül, kommst du bitte rein?«

»Nein, mein Leben ist scheiße, ich streike!«

»Aha, und weshalb, wenn ich fragen darf?«

»Ihre Kollega sagt, ich hab von Jocelyn abgespickt, aber ich hab gar nicht abgespickt, ich wollte nur so Blatt haben. Jetzt krieg ich Tadel. Hat die Frau kein Leben?«

»Auf Deutsch sagt man gespickt oder abgeschrieben. Ein Mix aus beiden Wörtern ist nicht drin.«

»Hallo!? Migrant!« Betüls Protest dauert drei Minuten. Dann kann die Stunde beginnen.

Ich schreibe die Überschrift an die Tafel. Melina meldet sich.

»Soll ich alles groß schreiben?«

»Ja, genau so, wie es an der Tafel steht!«

»Aber ich hab schon klein geschrieben!«

»Wieso fragst du dann?«

»Rechtschreibung ist nicht so mein Fach, ich bin Analphabetin.«

Einladung für Yunus: »Haha, lüg ma nicht, du bist nicht anal. Tooodeslügnerin! Frau Feynberg, glauben Sie der nicht! Dieses Mädchen ist integrierteste Integrationskind, wo geht unsere Schule.«

Jocelyn nimmt mir eine Antwort ab. »Keine Kraftausdrücke, Yunus!«

Hier schaltet sich Zamir ein: »Bist du behindert? Anal ist doch nicht schlimm.« Er fährt fort, ohne durchzuatmen: »Halt die Fresse, sonst reiß ich dir deine zwei Haare in der Nase aus. Kannst du das selbst nicht mit Pinzette machen? Sieht todeshässlich aus.«

Jocelyn schießen Tränen in die Augen, aber ich kann mich gerade nicht um sie kümmern. Hoffentlich kann sie den Ausbruch noch zurückhalten, die Action geht nämlich weiter.

»Ey, der Tuncer ist zu krass integriert nach Deutschland, der kennt nicht mal türkische Lieder.«

Tuncer fühlt sich angegriffen: »Ich kann voll viele. Soll ich singen? Ich will Türkiye'nin Sesi Radyosu gehen.«

Ich verstehe kein Wort, also möchte ich Schlimmeres verhindern und frage nach:

»Erstens: Bitte, sing nicht. Zweitens: Wohin willst du gehen?«

»Voice of Turkey. Kennen Sie nicht?«

Nachdem wir geklärt haben, wer integriert ist, schaffe ich es, mit dem eigentlichen Unterricht anzufangen. Wir lesen gemeinsam einen Text, danach müssen die Schüler Fragen beantworten. So ist zumindest der Plan.

»Mandy, wo ist dein Buch?«

»Wurde geklaut. Mathebuch auch.«

»Du hast sie also nicht dabei?«

»Wieso glauben Sie mir nicht? Vorher lagen die noch hier und jetzt auf einmal weg.«

Während Mandy an die Decke starrt, fangen die anderen bereits zu lesen an.

»Aller, Frau Feynberg …«

»Ja, Walmir?«

»Wieso sagen Sie nix? Die Antwort steht gleich im ersten Satz und ich lese die ganze Seite! Abou, als ob ich nix anderes zu tun hätte. In andere Länder müssen die Kinder nie so viel lesen. Und dann noch schreiben.«

»Was denn bitte? Was hast du momentan zu tun, außer den Text zu lesen und Fragen zu beantworten?«

»O.k., bevor ich hier Ärger kassiere, ich lese schon. Aber ich lese nur für Sie!«

»Frau Feynberg, machen wir Klassenfahrt dieses Jahr?«, fragt Nathalie schüchtern.

Mein Traum vom Unterricht ist ausgeträumt.

»Ich würde wirklich gerne, aber wenn ihr so weitermacht wie bisher – dann nein. Zuerst müssen eure Leistungen mehr und die Einträge im Klassenbuch weniger werden. Und wenn wir eine Klassenfahrt machen, dann bleiben wir in der Nähe, damit ich euch jederzeit in die S-Bahn setzen und nach Hause schicken kann.«

Die Kollegen haben mich bereits für verrückt erklärt … Aber: Ich liebe Herausforderungen.

»Seid ma leise jetzt, sonst gehen wir nicht Klassenfahrt«, ermahnt ausgerechnet Zamir.

»Können wir fliegen? Bitte nicht U-Bahn fahren.«

»Zahlst du die Flüge für alle?«

»Frau Feynberg, warum machen Sie so? Ich hab doch nur gefragt!«

»Ich habe nur geantwortet, Betül.«

Umut hat einen Vorschlag: »Wir können ja U-Bahn fahren und dann in Tunnel schlafen. Das wär doch mies!«

»Hmmm, lecker! Mit den ganzen Mäusen, Ratten und im Dreck zu schlafen.«

Die Mädchen kreischen.

»Ihr solltet darauf hoffen, dass wir überhaupt eine Klassenfahrt machen. Wohin ist da nicht von Bedeutung.«

»Ich habe mieseste Idee, wo gibt. Können wir Türkei Klassenfahrt machen?«

»Du Opfer, wer will denn in dieses hässliche Land fahren?«

»Deine Mudda ist hässlich!«

»Hör auf, meine Mutter zu beleidigen, du Wichser!«

Ich kann froh sein, dass Murat nur beleidigend und nicht handgreiflich wird.

»Frau Feynberg, welche Sprache sind Sie? Gibt's in Ihre Sprache auch Mutterwitze?«

»Ich weiß nicht wie es bei dir ist, aber ich bin keine Sprache. Du meinst wahrscheinlich, welche meine Muttersprache ist?«

»Ja, meine ich doch! Und mögen Sie Ihr Land?«

Bevor ich antworten kann, ruft Betül: »Ich hab gehört, Nikolaus war auch Türke. Alle wichtigen Menschen waren Türken! Hab ich gelesen, der war zuerst Türkei und dann in andere Länder gekommen.«

Mein Kopf ist quadratisch. Es sind nur noch fünf Minuten bis zum Stundenende. Mir kommt es so vor, als hätten wir in den vergangenen vierzig Minuten mindestens zehn verschiedene Themen besprochen und kaum etwas Produktives geschafft.

Plötzlich schreit Gülcan und springt gleichzeitig hoch. Der Stuhl kippt um und trifft Mandy am Fuß. Auch sie schreit. Gülcan fällt das Handy aus der Hand.

»Ich schwör, ich wollt nur auf Uhr gucken.«

»Und warum schreist du so, wenn du nur auf die Uhr gucken wolltest?«

Gülcan schaut beschämt zu Boden. Die Erklärung bekomme ich von Walmir.

»Die hat Video geguckt, auf ihre Handy. Stellen Sie sich vor, man ist so ruhig. Deine Psyche chillt, man chillt sein Leben übertrieben! Und plötzlich kommt da so ein Mann. Da schreit man halt.«

»Gülcan, Handy her!«

»Bitte, nehmen Sie nicht ab. Ich schwör, ich pack weg!«

»Zu spät.«

»Ok, darf ich noch SIM-Karte rausnehmen?«

»Natürlich nicht!« Ich schnappe mir das Handy und fahre mit dem Unterricht fort. Gülcan legt das Gesicht auf die Arme und hebt den Kopf nicht mehr, bis es klingelt.

Danach kommt sie nach vorne und versucht es noch mal.

»Frau Feynberg! Bitte, bitte, bitte. Krieg ich Handy wieder?«

»Nein. Kannst du in zwei Wochen abholen.«

»Wie – zwei Wochen? In echt? Aber was soll ich zwei Wochen machen ohne Handy? Und wenn meine Mutter mich anruft?«

»Dann kannst du ja deiner Mutter heute nach der Schule erklären, weshalb du ohne Handy nach Hause gekommen bist. Sie wird sich bestimmt freuen.«

»Aber ich hab doch nur Uhr geguckt auf Handy!«

»Du guckst aber lange auf die Uhr! Seit wann braucht man drei Minuten, um herauszufinden, welche Zeit die Uhr anzeigt? Sollen wir das noch mal üben, mit dem Ablesen?«

Meine Pause geht vor die Hunde. Dabei brauche ich sie so dringend. Und zwar für mich allein.

Aber Tuncer schaltet sich ins Gespräch ein: »Aller, Frau Feynberg, Sie haben doch iPhone-Handy. Hat Ihr iPhone Jailbreak? Brauchen Sie Cover? Ich besorge Ihnen für übertrieben gute Preis! Wollen Sie?«

»Ich will, dass du dir selbst ein paar gute Noten und Pünktlichkeit besorgst!«

»Hä?«

Gülcan will es nun auch genauer wissen: »Frau Feynberg, haben Sie wirklich iPhone? Ich habe Sie Facebook gestalkt und wollte rausfinden! Aber ging nicht. Keine Informationen. Sind Sie vielleicht Agent?«

»So so, die Gülcan, spioniert mir nach …«

»Nein, ich schwör, nicht so! Ich hab mit Jannes in Chat bei Facebook über Sie gesprochen und wir haben so geredet. Hat sie iPhone oder nicht?«

»Wissen Sie was, Frau Feynberg? Meine Mutter hat gesagt, wenn ich gute Noten habe, krieg ich direkt iPhone!«

»Nach der heutigen Aktion wird es damit wohl noch ein bisschen dauern.« Gülcans Mimik ändert sich sofort.

»Ha. Ha. Ha. Bitteee, Sie sind die netteste und beste Lehrerin auf diese Schule!«

»Hör auf zu schleimen und geh in die Pause. Die Antwort lautet immer noch *Nein*!«

Gülcan dreht sich um. Ich höre, wie sie vor sich hin murmelt: »Das werden Sie bereuen! Zieht die mein Handy ab. Ist die scheiße. Ich hasse Lehrer, auch die! So ein Migrant ey …«

»Ich werd sowieso Rapper«

»Schön, dass du auch schon kommst! Ausgeschlafen?«

»Ich schwör, ich hatte kein Schönheitsschlaf, Intelligentenschlaf. Nein, Spaß … Ich hab meine AOK-Karte gesucht. Ich muss heute nach der vierten gehen.«

»Warum?«

»Türkische Konsulat. Mit meine Mutter.«

»Bülent! Ich würde gerne einen grammatikalisch richtigen, deutschen Satz hören!«

»Aller … Warum machen Sie so? Ich muss heute früher von Schule, weil Termin bei türkische Konsulat.«

»Noch einmal!«

»Ah so … ich muss heute früher gehen, weil ich einen Termin im Konsulat habe.«

»Da kommen wir der deutschen Grammatik schon näher. Bringst du morgen eine Entschuldigung mit?«

»Klar. Und wissen Sie was? Die wollen von mir so ein komische Lichtbildpass oder wie das Ding heißt!«

»Lichtbildausweis?«

»Ja, genau! Was das?«

»Das ist ein Ausweis mit deinem Namen und einem Foto von dir.«

»Aller, sind die behindert? Wieso wollen die wissen, wie ich ausseh? Geht die doch nix an!«

»Bülent, wenn das Konsulat es von dir verlangt, dann wird es schon einen Grund dafür haben! Du brauchst einen Ausweis mit Foto!«

»Maaaan, reicht nicht AOK-Karte? Ich dachte, geht!«

»Bülent, ist auf deiner AOK-Karte ein Foto von dir?«

»Nee.«

»Ist deine Frage hiermit beantwortet?«

»Übertrieben unfair! Und dann musste ich noch so ein Blatt ausfüllen. Mit Name, Geburtstag und so. Und Adresse! Wieso wollen die wissen, wo ich wohne? Wenn die mal kommen und alles klauen?«

»Auch für diese Angaben wird es sicherlich einen Grund geben. Hast du denn alles ausgefüllt?«

»Normal, hab ich. Sogar mit Stock. Ich wohne im fünften. Ohne Aufzug!«

»Und das hast du genauso aufgeschrieben?«

»Nein, man, was Sie denken. Nur Straße und so. Aber ich hab kurz vergessen, wie man meine Straße schreibt. Ich wohn da erst seit sechs Jahren. Ich hoff, ich hab das richtig gemacht.«

»Das hast du bestimmt! Fünfter Stock ohne Aufzug? Da muss ich aber nachfragen … Wenn wir mal an Wandertagen längere Strecken laufen müssen, bist du der Erste, der nach einem Bus fragt. Und *du* läufst jeden Tag in den fünften Stock?«

»Ich schwör, fragen Sie Walmir. Der war schon bei mir. Und Sie können gucken! Steht im Telefonbuch! Neben meine Adresse.«

»Stockwerk hin oder her. Hast du denn überhaupt einen Ausweis?«

»Nee … Wieso brauch ich dem?«

»Du solltest dich um einen Ausweis kümmern – kann man immer gebrauchen.«

»Ich brauch kein Ausweis. Ich kann doch auf mein Leben schwören, dass ich Bülent bin! Ist doch bester Beweis!«

»Bülent, besorg dir doch einfach einen Ausweis, dann gibt es auch keine Schwierigkeiten.«

»Uuuh, *Sie* kennen ›besorgen‹? Ich dacht, *Sie* wären legal?«

»Ich lebe auch legal! Ich rede davon, zum Amt zu gehen und sich einen Ausweis ausstellen zu lassen! Nicht mehr und nicht weniger.«

»Ah so, ich dacht, Handy besorgen, Auto besorgen, Geld besorgen …«

»Denken ist nicht immer die beste Variante, Bülent! Vielleicht solltest du …«

»Darf ich bitte auch ausreden?«

»Ich dachte, du wärst fertig. Also bitte …«

»Ja, ich kann halt viel besorgen … Aber wissen Sie, ich hab so ein Gewissen, dass es bei Konsulat auch ohne Foto gut wird!«

»Ähm, so ein Gefühl? Und einen Ausweis brauchst du im Leben, wenn du deinen Führerschein machen willst, eine eigene Wohnung brauchst oder dich zu einer Ausbildung anmeldest!«

»Ja, mein ich doch mit Gefühl. Ich werd sowieso Rapper. Haben Sie mein neues Video auf Youtube gesehen? Habe ich mit Fatih aufgenommen. Voll viele Klicks schon! Wenn man Ausbildung zum Rapper macht, kriegt man doch Zertifikat?«

»Wenn du eine Ausbildung zum Rapper machst, dann sieht es natürlich ganz anders aus. Dann bist du berühmt und musst nicht schwören, weil du sowieso überall erkannt wirst!«

»Kann man eigentlich mit AOK-Karte zu Krankenkasse kommen und sagen: ›In der Schule ist so scheißkalt. Können Sie bisschen Heizung zahlen, dann werde ich auch nicht krank. Weil wenn ich krank werde, dann müssen Sie doch viel mehr zahlen?‹«

Yunus beginnt gegen die Heizung zu schlagen.

»Yunus! Was ist denn mit dir los?«

»Wallah, ich schwör Eiswüste hier. Wieso spart Herr Hausmeister? Kaputte Menschen.«

Abdul pflichtet ihm bei: »Schlimm diese Menschenheit, wa? Frau Feynberg! Ich hab so ein Ausweis, nicht so wie Bülent. Und wenn ich ein Ausweis habe, dann habe ich doch Rechte, wa? Und wieso hab ich kein Recht auf Wärme?«

Ich schaffe es nicht, Abdul zu antworten. Aus dem Augenwinkel sehe ich, wie sich Önder an die Heizung lehnt und mit dem Stuhl die ganze Zeit dagegenknallt. Immer wieder. Aufgrund des hohen Alters dieses Geräts muss ich um das Überleben des Heizkörpers fürchten.

»Önder, warum sitzt du überhaupt neben der Heizung? Wenn du das Ding kaputt machst, kann die Schule dich wegen Sachbeschädigung anzeigen. Dann kommt die Polizei und du musst dich ausweisen! Um bei der Frage zu bleiben, warum man einen Ausweis unbedingt braucht.«

»Weil mir kalt ist! Wieso sonst? Ein Scheiß werde ich denen mein Pass zeigen!«

»Ok, vergiss die Anzeige. Nach der Sitzordnung sitzt du zwei Tische weiter!«

Önder bewegt sich nicht.

»Önder, würdest du bitte auf deinen Platz gehen?«

»Ohne Sinn! Was das mit Sitzplan? Ich will auch nicht vorm Lehrer sitzen und mich fragt keiner! Und ich hab einen deutschen Pass!«

Ich gucke ihn mit dem »Todesblick« an.

Önder steht auf, schmeißt fast den Stuhl um, bewegt sich jedoch zu seinem Platz. Immerhin.

Die Stunde hat begonnen, die Kälte und die AOK-Kartenproblematik scheinen vergessen zu sein. Mittlerweile ist es so kuschelig im Raum, dass ich mich nach der kalten Luft sehne. Es fängt an zu stinken. Nach Schweiß. Wir sind mitten im Unterricht.

Önder hat noch eine Frage. »Ich darf doch mit so 'nem Ausweis wählen? Kann ich dann zum Schulleiter gehen und einen neuen Hausmeister wählen? Damit der Neue bisschen mehr Heizung macht? Ist ja todeskalt hier!«

»Önder! Momentan darfst du nur still dasitzen und aufpassen!«

»Was denn? Ich soll doch im Unterricht sprechen. Dann sagen Sie: ›Uh, Önder hat 45 Minuten nix gesagt!‹ Dann kriege ich schlechte Note für mündlich und so. Aber jetzt haben Sie echt Pech, ich sage nie wieder was!«

»Önder, möchtest du, dass ich dir für diese Aussage eine Eins für die mündliche Leistung der Stunde gebe?«

Jetzt setzt Önder den »Todesblick« auf.

Mirko hat die ganze Zeit auf eine Gelegenheit gewartet. Jetzt ist sie da.

»Guck mal Önder, jetzt verarscht sie dich voll! Als wärst du kein Mensch mit Rechten.«

»Ich fühle mich heute auch, als würden die Rechte in diesem Klassenzimmer erst gar nicht existieren! Willkommen also in meiner Welt!«

»Hä? Welche Welt?«

Zuckerbrot und Peitsche

Unsere Nachmittage nach der Schule verliefen immer nach dem gleichen Muster. Wenn Mama von der Arbeit nach Hause kam, lautete die erste Frage: »Hausaufgaben gemacht?« Schlecht für uns, wenn diese nicht erledigt waren. Das war gegen 18 Uhr. Eine Zeit, zu der man nur noch rausgehen, Fernsehen gucken, in der »Bravo« blättern, Tagebuch schreiben oder Nintendo spielen wollte. Ich liebte Super-Mario. Das einzige Spiel, das mein Handy heute vermisst.

»Was ist denn nun mit den Hausaufgaben?«

Mit rollenden Augen antwortete ich: »Jaaa. Mathe und Geschichte. Schon alles gemacht. Ich bin mit Nelja verabredet. Tschüss.«

»Stopp! Hausaufgaben her! Ich will alles sehen!«

Ich reichte ihr schweigend alle Hefte.

»Wie? Ihr habt nur zwei Aufgaben in Mathe aufbekommen? Mensch, Schule ist so leicht in Deutschland und du beschwerst dich noch! Wir in Russland haben immer seitenweise Aufgaben für den nächsten Tag bekommen. Ich bin dafür, dass du auch noch die Aufgaben drei bis zehn bis morgen erledigst!«

»Auf keinen Fall! Warum denn?«

»Weil Übung nie schaden kann! Gerade in Mathe muss

man viel üben. Ich muss mit deinem Mathelehrer sprechen, damit er dir mehr Aufgaben aufgibt!«

Als mein Bruder in der Mittelstufe einmal geschrien hat, er mache auf keinen Fall diese »dummen Hausaufgaben«, erwiderte Mama nur: »Muss echt schwer für dich sein, sich in der Pubertät zu befinden. Du armes Kerlchen, mein Mitleid.«

Mit keinem Wort ging sie auf die Einwände gegen Hausaufgaben ein. Aber beide wussten, was gemeint war. Mama blieb so lange dran, bis die Schularbeiten erledigt waren und für die anstehenden Tests geübt wurde. Erst dann durften wir uns unserem Vergnügen widmen. Sie war aber auch nicht zimperlich, was unsere Noten betraf:

»Habt ihr Englisch zurückbekommen?«

»Ja, ich habe eine Zwei plus!«

»Zeig mal her.«

Meine Mutter schaute sich minutenlang ganz genau die Klausur an, während ich danebenstand und mich unglaublich über die Zwei freute.

»Also, wenn ich mir den Notenspiegel so angucke, ging es ja auch noch besser!«

»Es gab nur noch eine einzige Eins! Ich habe die zweitbeste Arbeit.«

»Na und? Aber es gab eine Eins! Jemand, der mit dir in derselben Klasse ist, hat es also geschafft, die Bestnote zu bekommen. Am Lehrer hat es also schon mal nicht gelegen. Nächstes Mal musst du eben mehr lernen. Nein, ich habe eine bessere Idee. Machst du für mich bitte einen Termin bei deiner Englischlehrerin? Ich muss mit ihr reden und sie fragen, wie du dich verbessern kannst!«

»Auf keinen Fall gehst du in die Schule und redest mit der!«

Eine Woche später saß meine Mutter bei der Englischlehrerin.

Sobald sie Gespräche auf Deutsch führen konnte, war meine Mutter natürlich auch im Elternbeirat. Für eine Migrantin, die Deutsch erst mit dreißig Jahren zu lernen begann, beherrschte sie die Sprache schnell und gut. Leider hat sie somit alles verstanden, was meine Lehrer über mich erzählt haben. An Interesse und Engagement hat es ihr noch nie gefehlt. Zu Hause wurde alles Papa berichtet. Der war zwar innerhalb des Schullebens nicht halb so engagiert, aber zu Hause mindestens genauso interessiert.

Unsere Mutter hat sich getraut, ohne Angst und Selbstzweifel auf die Lehrer und die Institution Schule zuzugehen um sich nach unseren Leistungen zu erkundigen. Hat sich getraut, aus ihrem gewohnten und sicheren Umfeld rauszugucken und die Luft der neuen Heimat zu schnuppern. Schließlich ging es um ihre Kinder, also musste sie reden. Mit starkem Akzent und ohne perfekte Grammatik sprach sie, ohne sich zu viele Gedanken um ihre Wirkung zu machen.

Wir waren nie Dolmetscher für unsere Eltern. Weder beim Arzt noch auf dem Amt oder auch nur beim Einkaufen. Sie kamen selbst zurecht, wir sollten uns auf die Schule konzentrieren. Alles andere zählte nicht.

Die Rollen bei uns waren klar verteilt. Der strenge Papa, der nicht studiert hatte und im deutschen Bildungssystem anfangs nur schwer durchblickte, war für Ordnung, Pünktlichkeit, Sport und Manieren verantwortlich. Natürlich war auch ihm wichtig, dass aus uns etwas wird. Sein Leitsatz lautete immer: »Egal, was du machst, mach es gut! Nicht jeder muss studieren. Ich habe nie studiert, aber das was ich mache, mache ich richtig!«

Außerdem schrieb er sich die Aufgabe zu, auf Mama aufzupassen. Genauer gesagt, darauf, dass wir Kinder zu Mama nett waren. Wenn sie schon so viel Zeit in die Bildung ihrer Kinder investierte.

Ich war schwierig. Eine echte Zicke. Ich diskutierte über alles mit meinen Eltern, brach regelmäßig in Tränen aus, knallte mit den Türen, wollte mehrmals von zu Hause abhauen, sah stets meinen kleinen Bruder im Vorteil und kämpfte für meine Rechte. Meine Eltern sagten mir: »Hoffentlich bekommst du nur Töchter, Lea, und weißt dann, wie wir uns mit dir fühlen. Mit deinem Bruder haben wir nicht mal halb so viele Schwierigkeiten. Jungs sind viel einfacher als Mädchen.«

Dass wir Abitur machen sollten, war für uns selbstverständlich. Unser Leben bestand hauptsächlich aus Lesen, Museumsbesuchen und Lernen. Wenn wir mal nicht spurten, haben wir in einem trockenen Ton zu hören bekommen: »Na, wenn du keine Lust auf Schule hast, dann geh doch auf die Baustelle arbeiten, die brauchen da immer Leute.« So eine Baustelle ist ja auch nicht ganz das Wahre. Also besuchten wir weiterhin zähneknirschend die Schule. Das hört sich jetzt an, als wären wir die absoluten Nerds gewesen. Die waren wir ganz und gar nicht. Unsere Eltern interessierten sich für unser Leben, zeigten Verständnis, forderten Leistung, waren konsequent und gaben uns Liebe. Ab einem bestimmten Zeitpunkt wollten wir sie nicht mehr enttäuschen, sondern stolz machen. So wie sie uns nach der Emigration aus Russland in einem neuen Land stolz gemacht haben.

Wenn ich Eltern von meinen Schülern vor mir sitzen habe, rate ich ihnen genau das, was mich zu dem Menschen gemacht hat, der ich bin. Liebe und Konsequenz. Es ist ein seltsames Gefühl und ich musste mich dran gewöhnen: Da sitzen erwachsene Menschen, die eine gewisse Erfahrung auf dem Buckel und mehrere Kinder haben, vor mir, einer jungen Lehrerin, die vor Kurzem ihr Referendariat beendet und noch keine Kinder hat. Sie wissen oft nicht weiter und können sich das Verhalten ihrer Kinder nicht erklären. Es sind Eltern, die sich kümmern, Eltern, die es nicht tun, und Eltern, die sich gerne kümmern würden, es aber aus irgendwelchen Gründen nicht können. In einigen wenigen Fällen würde ich das Kind am liebsten dem Einfluss der Familie entziehen.

Ich bewundere und schätze meine Schüler sehr. Das, was manche von ihnen erlebt haben, möchte ich nicht durchmachen. Das, was sie leisten müssen – zu Hause und in der Schule – musste ich als 14- oder 16-Jährige nicht leisten. Viele haben kaum Perspektiven, kaum Ziele und nur wenige Hobbys. Dass ich wohlbehütet aufgewachsen bin, Bildung eine wichtige Rolle gespielt hat und ich ab und an in den Arm genommen wurde, ist ein Privileg. Nicht jeder, dem das widerfährt, weiß es zu schätzen. Auch ich musste erst lernen, wie wichtig Liebe und Konsequenz in der Erziehung für meine Entwicklung und mein heutiges Leben waren.

»Kann ich auch Bundespräsident werden?«

»Frau Feynberg, machen Sie auch Urlaub in Ferien?«

»Ferien sind doch erst in zwei Wochen? Aber, ja! Ich fahre in den Urlaub!«

»Freuen Sie sich?«

»Natürlich!«

»Fahren Sie nach Ihre Land?«

»Was ist denn ›mein‹ Land?«

»Na, Russland. Sie kommen doch von da!«

»Nein, ich fahre nicht nach Russland. Ist denn Algerien *dein* Land?«

Soweit ich weiß, ist Abdul in Berlin geboren und war als kleines Kind einmal in den Sommerferien dort.

»Normal, ist es mein Land. In Algerien ist es so schön. Was soll es denn sonst sein? Deutschland oder was? Niemals! Wenigstens zeigen sie da ehrlich Nachrichten. Als ob Bin Laden das am elften September war! Es gibt so Fotos, da sitzen Bin Laden mit dem George Bush und die trinken zusammen ...«

Ich verstehe diesen Stolz auf das eigene Land einfach nicht. Was ist denn schon »mein« Land? Vielleicht sollte ich mehr Fußball gucken. Die Fans im Stadion können das vorbildlich: »stolz« sein. Ich bin immer etwas überfragt, wenn es um diese Themen geht. Vielleicht kann man auf die politischen Erfolge, die Künstler oder die geringe Arbeitslosigkeit des Landes stolz sein? Und was heißt denn »Ich bin stolz auf Türkei, Bosnien, Deutschland …«? Wann ist man stolz auf etwas oder jemanden? Ich dachte immer, man kann auf sich selbst, Freunde, Eltern stolz sein, sobald der- oder diejenige oder eben man selbst etwas Sinnvolles vollbracht hat? Kann zum Beispiel ein Südafrikaner auf sich stolz sein, weil die Kriminalitätsrate dort im vergangenen Jahr gesunken ist? Und beleidigt man die Ehre eines Südafrikaners, wenn man darauf verweist, dass Südafrika dennoch eine der höchsten Kriminalitätsraten der Welt hat? So ungefähr stelle ich mir das bei meinen Schülern vor. Wehe, jemand erwähnt den Massenmord an den Armeniern oder zweifelt am EU-Beitritt der Türkei.

»Jaaa, aber dein Land! Nein, man, Türkei ist King!« Sachliche Diskussionen sind nahezu unmöglich. Diese ständige Frage in Geschichte geht einem auch auf den Geist: »Können wir Osmanisches Reich machen? Lieblingsthema!« Fast alle meiner Schüler sind doch in Deutschland geboren und trotzdem vergöttern sie die Länder, aus denen ihre Eltern oder Großeltern ausgewandert sind. In erster Linie bezeichnen sie sich als Türke, Albaner, Kroate oder Libanese. Erst dann kommt Deutschland, wenn überhaupt. Auf allen Arbeitsblättern muss der Name des Landes stehen und von Herzchen umrandet werden und natürlich sind auch die Deckblätter der Ordner – in jedem Fach – mit Flaggen und Symbolen des Landes bemalt. Was hat denn der Halbmond oder die Zeder mit Mathematik, Musik oder Französisch zu tun?

Fairerweise muss man sagen, dass sowieso fast kein Schüler die Deckblatt-Sache ernst nimmt. Ein Marihuanablatt, Fotos von aufreizenden Damen oder schnellen Autos haben ebenfalls nichts mit den Schulfächern zu tun. Solche Kunstwerke bekommen wir oft genug zu sehen. Teilweise spiegeln sie die Zugehörigkeit zu einem Land, werden nur zum Spaß angefertigt oder sind einfach Trotzreaktionen. Eins kann man aber wohl feststellen: Die Arbeitsmoral und die Ernsthaftigkeit gegenüber der Schule hat nichts mit dem Herkunftsland zu tun.

»Ich weiß es! Sie fahren auch Türkei in Ferien?«

Ich bin froh, dass Tuncer uns unterbricht. Solche Unterhaltungen über Heimat bzw. Wahlheimat, die mit Emotionen verbunden sind, wie eben mit Abdul, enden nie gut und machen nur unnötig aggressiv.

»Warum ›auch‹? Fährst du in die Türkei in den Frühjahrsferien?«

»Nein, man, ich fahre irgendwo hier, in Bulgarien. Meine Mutter hat mich gezwungen. Mies langweilig. Ich schwör auf alles, ich will lieber Schule haben als so was. Und dann schlägt mich mein Bruder und ich schlage ihn.«

»Das freut mich ja zu hören, dass Schule durchaus eine Alternative sein kann. Also, warum ›auch‹ Türkei?«

»Na, weil wir sonst immer Türkei fahren. Hoffentlich nächstes Jahr wieder. Ist voll toll da. Ich hab da Großeltern. Alle von uns sind da. Und Meer und so. Voll toll.«

»Frau Feynberg, Sie haben immer noch nicht gesagt, wo Sie Urlaub machen! In Ihre Heimatland?«

»Nein. Das sagte ich doch bereits. Gülcan, du musst mir schon zuhören!«

»Frankreich?«

»Nein.«

»Amerika?«

»Nein.«

»Mallorca?«

»Nein.«

»Ich weiß es! Da, wo Eurovision war – Aserbaidschan?«

»Nein.«

»Aaaler, was gibt's denn noch?«

»Bist du dumm Mädchen? Such dir Hobbys! Es gibt noch Tausendmillionenfünfzig andere Länder! Hat die kein Leben … Fahren Sie nach Ecuador, Australien, China, England, Libanon, Kosovo, Serbien, Malta?«

»Nö.«

»Ey, sagen Sie ma! Voll unfair sind Sie. Haben Sie sich das Land ausgedacht? Fantasieland?«

Genug gequatscht. Ich verrate ihnen, wo ich hinfahren werde, damit ich endlich mit dem Unterricht anfangen kann.

»Wer von euch hat denn mitbekommen, was gestern stattgefunden hat?«

»Beşiktaş hat heute Geburtstag.«

Betül strahlt über das ganze Gesicht, so als hätte sie selbst etwas zu feiern.

»Schön, ich fragte aber nach gestern und nicht nach heute.«

»Wen interessiert gestern, wenn die heute Geburtstag feiern!«

»Wer?«

»Beşiktaş Istanbul. Kennen Sie nicht?«

Betül streckt mir ihre schwarz-weiß gestreifte Federtasche entgegen. Am Logo erkenne ich das Gründungsjahr 1903. Ich nehme zumindest an, dass es das Gründungsjahr ist, schaue aber wohl noch etwas ratlos, denn Betül fährt mit ihrer Aufklärung fort: »Fußballmannschaft in Türkei. Die haben Geburtstag! Das ist beste Fußballmannschaft in Süper Lig. Und die spielen *perfekt.* Wie Bayern oder so.«

»Herzlichen Glückwunsch! Und was genau hat das mit dem wichtigen Ereignis gestern zu tun?«

»Abooou, ist auch wichtig! Ist älteste Verein, wurde gegründet noch bei Osmanische Reich.«

»Noch einmal: Meine herzlichen Glückwünsche. Können wir dennoch bitte zu gestern zurückkehren?«

Murat hat eine Idee: »Da wurde doch dieser Bundesdingsda gewählt … Bundeskanzler? Wowereit? Hat der gewinnt?«

»Klaus Wowereit ist der Bürgermeister Berlins. Bundeskanzlerin ist Frau Merkel. Gewählt wurde ein neuer Bundespräsident.«

»Stimmt, hab ich Fernsehen gesehen. Dieser Günther Gauck.«

»Joachim Gauck.«

»Meine ich doch. Ist der jetzt reich?«

Auf die Frage gehe ich nicht ein.

»Weiß jemand zufällig, warum ein neuer Bundespräsident gewählt werden musste?«

Max scheint es zu wissen: »Der Alte, Wowereit, hat doch oberviel Scheiße gebaut.«

»Wowereit ist immer noch der Bürgermeister von Berlin.«

»Ah ja, meine ich doch. Der alte Bundesdingsda hat doch Sachen gemacht. Die waren verboten. Und dann musste er gehen. Aber der ist freiwillig gegangen und jetzt kriegt er miesviel Geld. Frau Feynberg, kann ich auch Bundespräsident werden?«

»Erst mit vierzig Jahren.«

»So alt müssen die sein? Ohne Sinn … Mit Krücken und Gebiss Deutschland leiten?«

Dann meldet sich Gülcan: »Frau Feynberg, ist der alte Präsident nicht Rente?«

»Hast du kein Foto gesehen? Der ist übertrieben jung noch!« Jocelyn hat wohl recherchiert.

»Ja und? Man kann doch jung aussehen und alt sein!«

Recht hat sie … So wie ich zum Beispiel. Ich bin natürlich jung und denke, ich wäre alt. Meine Schüler fragten nach dem ersten Kennenlernen, ob ich schon alt genug fürs Unterrichten sei und als sie dann mein Alter erfuhren, hielten sie mich für steinalt. Alle Lehrer sind uralt und verstehen nichts vom Leben. Als ich zur Schule ging, war es nicht anders. Allerdings gab es zu unserer Zeit auch kaum junge Lehrer.

»Welche Aufgaben hat denn der Bundespräsident?«

Mehrere melden sich. Komisch, gerade wussten sie noch nicht, wie der Bundespräsident heißt und jetzt wollen sie sogar seine Aufgaben kennen?

»In dicke Auto rumfahren und winken. Und in andere Länder Deutschland präsentieren.«

»Gesetze erfinden?«

Die Klasse hat sichtlich kein Interesse an einer Politikstunde.

»Leute! Ernsthafte Antworten bitte!«

»Ja … wie sie übertreibt. Gesetze erfinden ist doch ernst. Oder glauben Sie, das ist witzisch? Ist doch übertrieben mieser Job. Wenn ich Präsident wär, ich würd die Schule abschaffen und jedem ein BMW schenken.«

Murat scheint mit seiner Antwort sehr zufrieden zu sein.

»Woher soll ich denn wissen, was der macht? Kann er machen, dass ich nie wieder Ordnungsdienst machen muss?« Bülent guckt mich mit großen Augen an. Nur er weiß, ob die Frage ernst gemeint ist. Kann ich gerade von seinem Gesicht nicht ablesen.

»Du machst doch fast nie Ordnungsdienst. Am Freitag sah die Klasse aus wie Sau und du bist einfach abgehauen! Deswegen, herzlichen Glückwunsch, du darfst eine weitere Woche Ordnungsdienst machen! Wenn wir schon beim Thema sind und bevor ich das wieder vergesse …«

»Jaaa, übertreiben Sie doch! Nur weil ich einmal vergessen hab! Sie sind doch nicht meine Eltern und geben mir

Befehle! Jaaa, ich mach jeden Tag. Bis zum Abschluss! Und ich komme in den Ferien und putze hier! Und Weihnachten und Ostern! Und Bayram! Nur ich werde hier geknechtet! Als wär ich Sklave hier.«

»Ja, was nun? Sklave oder Knecht?«

»Hä?«

»Es gibt da einen wichtigen Unterschied zwischen Sklaven und Knechten. Geschichtlich gesehen, zumindest.«

»Mir doch egal. Sie entscheiden doch alles hier. Dann entscheiden Sie doch, wie ich heiße.«

»Gute Idee – ich suche mir dann demnächst einen neuen Namen für dich aus.«

»Ihr Ernst?«

Zum Glück müssen wir diese äußerst intellektuelle Unterhaltung nicht fortführen, denn Melina meldet sich: »Frau Feynberg … Dieser Gauck hat doch in so eine komische Land gewohnt?«

»Meinst du die DDR? Das Land existiert nicht mehr.«

»Ja, genau! Gab's da Schulen?«

»Natürlich gab es da Schulen! Das Land gibt es erst seit 1990 nicht mehr! Abgesehen davon, dass Schulen eine alte Erfindung sind.«

»Ah so … Ich dachte so seit dreizehnhundertirgendwas ist das Land tot …«

April

»Haben Sie Ihre Zeugnis in Russland gekauft?«

»Leute, ich hätte gerne gewusst, wie ihr euch euer Leben in den nächsten Jahren vorstellt.«

»Ich stelle mir das so vor: mittlerer Schulabschluss, Abi, studieren, Keller und so … für Partys … So ein Partykeller, wissen Sie?«

»Superwünsche sind das und wovon willst du dir das Haus kaufen, Jannes?«

»Na, arbeiten …«

»Um später eine gute Arbeit zu haben, müsst ihr endlich anfangen zu lernen, Leute! Der Abschluss fällt doch nicht vom Himmel!«

»Wallah Frau Feynberg, das ist schon bisschen unlogisch, was Sie da sagen. Was hat denn lernen mit dem Abschluss zu tun? Weil …«

»Ist diese Frage ernst gemeint, Önder?«

»Wallah, ja! Wie Sie mich unterbrechen. Immer sagen Sie so, lass mich ausreden, lass mich ausreden und selber?«

»Aller Junge, bist du vielleicht irgendwie behindert? Natürlich musst du lernen, wenn du guten Abschluss haben willst! Die haben schon recht, wenn sie uns das sagen!«

»Ey Nafisa, du Hässliche, hat irgendjemand gesagt, ›du darfst reden‹?«

Nafisa lässt sich diesen Ton natürlich nicht gefallen. Sie

ist stark, sie ist Schlimmeres gewohnt. Mittlerweile reden alle durcheinander, aber ich versuche mich auf Önder und Nafisa zu konzentrieren, damit es nicht zu Schlimmerem kommt.

»So, Leute, ich denke die Beleidigungsgrenze ist für heute eindeutig erreicht. Eure Bildungsgrenze noch lange nicht. Deswegen, zurück zu euren Leben und eurem Abschluss!«

»Jaaa und Sie müssen gar nix mehr lernen? Wissen schon alles, oder was?«

»Mirko, ich habe meinen Abschluss schon! Du noch nicht, soweit ich informiert bin …«

»Können Sie uns nicht beim Arbeiten vorsagen?«

»Ey, willst du echt so ein unehrliches Zeugnis? Dann lieber gar keins!«

»Wieso? Man kann doch auch Zeugnis in der Ukraine kaufen oder so! Dann hast du auch unehrliche! Und? Interessiert doch keinem! Frau Feynberg, haben Sie Ihre Zeugnis in Russland gekauft?«

»Ja, aber sag es keinem!«

»Schwören Sie!«

»Nein, natürlich nicht. Ich habe sowohl fürs Abi als auch für den Uniabschluss gelernt.«

»Aaaaler, hatten Sie kein Leben? Keine Party oder so?«

Dass man für den Abschluss lernen muss, wissen die Schüler mittlerweile. Jetzt muss ich es nur noch ihren Müttern und Vätern beibringen. Heute ist Elternabend. Tuncers Mutter hat sofort abgesagt. Für eine Absage muss man heutzutage dankbar sein. Viele melden sich nicht einmal ab. Oder sie sagen zu und bleiben trotzdem weg. Von 26 erscheinen maximal 14 Eltern zum Elternabend, und zwar die, bei deren Kindern es ohnehin weniger Probleme gibt.

Wegen des anstehenden Elternabends haben mich die Schüler den ganzen Vormittag genervt. Was werde ich den

Eltern sagen, wie werde ich es den Eltern sagen, über wen werde ich den Eltern was sagen?

»Inshallah, kommt nur meine Mutter. Würde mein Vater wissen, ich wär so kaputt!«

Meist stellt sich die Angst der Kinder als unberechtigt heraus. Die, die ich gerne sprechen würde, habe ich teilweise noch nie zu Gesicht bekommen. Andere schütteln mit dem Kopf, sagen, dass sich etwas ändern muss, versprechen, mit dem Kind zu reden. Am nächsten Tag kommen acht Schüler wieder zu spät, mindestens genauso viele haben keine Hausaufgaben gemacht. Das Klassenbuch ist voll. Weil die Eltern der wirklich problematischen Kinder unerreichbar sind. Es ist eine unendliche Geschichte.

Als erster betritt Cans Vater die Klasse. Sichtlich irritiert über die wenigen Menschen, die sich gerade in meinem Klassenraum befinden, begrüßt er mich und sagt: »Frau Feynberg, du bist aber nicht so beliebt?«

Weltentdeckerin

Unsere Ferien in Deutschland waren ganz anders als die in der Sowjetunion. Aus Deutschland konnte man fast jedes Land bereisen, das man sehen wollte. Wir konnten und wir wollten. Nur das nötige Kleingeld, die Erlaubnis der Eltern und eine gewisse Organisation musste man zusammenbekommen, schon konnte die Reise losgehen. Alle drei Punkte wurden mit zunehmendem Alter einfacher. Ich verreiste mit meinen Eltern und meinem Bruder, aber auch oft allein. Ich liebte es, denn ich fühlte mich dabei so erwachsen.

Allerdings ist »allein verreisen« auch nicht ganz richtig. Zum größten Teil waren meine Reisen organisierte Fahrten für jüdische Jugendliche aus ganz Deutschland. Wir fuhren in Ferienlager und erlebten dort die beste Zeit unseres Lebens. In Italien oder Österreich lernte ich immer mehr Jugendliche kennen, erfuhr viel über meine Herkunft, setzte mich mit dem Migrationsprozess auseinander und verstand, dass Russland längst nicht mehr mein Zuhause war. In jedem weiteren Ferienlager traf ich zahlreiche alte und neue Gesichter. Konnte viele neue Orte kennenlernen, mich vielen Fragen stellen, erhielt viele Antworten. Aber das Beste an den Ferienlagern war, dass sie ohne Eltern stattfanden. Im Winter ging es in die Berge und im Sommer an den Strand. Die Winterferienlager waren etwas aufregender, ich lernte nämlich Skifahren, ein Sport, der davor in meinen Vorstellungen nur für Reiche bestimmt gewesen war. Im Ferienlager wurden Skikurse für wenig Geld angeboten und so genoss ich den Schnee und die Bergluft in vollen Zügen. Ich bin ein Wintermensch. Die frühe Skierfahrung ist mit Sicherheit ein Grund dafür. Strand kann jeder.

Nelja und ich waren jeden Winter und jeden Sommer dabei, wir lebten nur für diese Ferienlager. Vom Winter zum Sommer. Vom Sommer zum Winter. Irgendwann kannten wir die meisten Teilnehmer und waren cool, weil wir mittlerweile die alten Hasen waren. In der Schule und in diesen Ferienlagern. Wir hatten angesagte Klamotten, sprachen perfekt Deutsch und wir kannten uns aus. Noch immer kamen Migranten aus der ehemaligen Sowjetunion. Jetzt waren sie die neuen. Und wir lachten sie aus. Wir amüsierten uns über ihre Aussprache, die altmodische Kleidung und ihre banalen Fragen zum Judentum. Wir machten das, was andere noch vor ein paar Jahren mit uns gemacht hatten. Ich schäme mich heute unglaublich, wenn ich über Situationen nachdenke, in denen wir nicht aufhören konnten zu lachen, weil zum Beispiel Igor aus Dnipropetrowsk bei einer Gruppenaktivität seine Lebensgeschichte erzählen sollte und dabei die Buchstabenkombinationen nicht so aussprach, wie die deutsche Sprache es verlangt. Wie mag sich dieser Junge gefühlt haben? Wie konnte man so gemein, so brutal sein? Vielleicht war es kindliche Arroganz, vielleicht aber auch die Rache dafür, wie man mit uns zu Beginn unserer Zeit in Deutschland umgegangen war, vielleicht aber auch der Stolz darüber, endlich in Deutschland und dieser Gesellschaft angekommen zu sein.

Nach ein paar Jahren wurde ich sogar Betreuerin. Wir arbeiteten mit jüdischen Jugendlichen, von denen die meisten, wie ich, Kontingentflüchtlinge aus der ehemaligen Sowjetunion waren. Als Betreuer waren wir dafür da, die Kinder und Jugendlichen zu unterhalten, sie zu integrieren und zu bilden. Auch sie waren natürlich sehr verschieden, mit ganz unterschiedlicher Lebenserfahrung. Dementsprechend gab es schwierige und weniger schwierige Kinder. Ab meinem 14. Lebensjahr war ich in der Jugendarbeit tätig, im örtlichen Jugendzentrum und in Ferienlagern. Diese Arbeit hat mich ganz eingenommen, sie war mehr als ein Hobby. Wir Betreuer trafen uns regelmäßig, tauschten uns aus und veranstalteten verschiedene Aktivitäten: von einem Picknick im Grünen um die Ecke bis zu einer Fahrt ins Ausland übers Wochenende. Ich wuchs in diese Arbeit hinein und lernte dabei wahnsinnig viel. Über mich selbst, über meine Vergangenheit und Gegenwart, aber auch vor einer Gruppe Menschen zu sprechen und Inhalte verständlich zu vermitteln. Es erfüllte mich, Dinge zu lernen, und Dinge weiterzugeben, immer mit ein bisschen Spaß, und ein bisschen Moral, eine gute Mischung, wie ich finde. In diesen Jahren wurde wohl mein späterer Berufswunsch geboren, ohne dass mir das damals bewusst war. Zu Beginn des Referendariats erschien mir das Weitergeben von Inhalten so einfach: in die Klasse rein, mithilfe einer netten Methode vermitteln, wie König Ludwig XIV. seine Finanzen regelte, davon ausgehen, dass Schüler sich genau dafür interessieren und wieder rausgehen. Ich habe es mir zu einfach vorgestellt. Zwischen Jugendfreizeiten und Unterricht gibt es viele Unterschiede.

Mit Freunden verreisen durfte ich erst am Ende der Oberstufe. Bis dahin war neben den Ferienlagern auch mal Urlaub mit Eltern angesagt. Nicht die wohlbekannten Ferien bei Großeltern mit einem Ausflug ans nahe gelegene Meer oder auf der Datscha. Nein, ich entdeckte jetzt die Welt. Noch vor ein paar Jahren kannte ich die USA nur vom Hörensagen. Jetzt durfte ich plötzlich mit Mama und Papa hinfliegen. Meine Mutter war in der Moskauer Kanzlei die einzige Anwältin gewesen, die Englisch sprach. Als ein Austausch mit amerikanischen Anwälten stattgefunden hatte, war meine Mutter die einzige Ansprechpartnerin für die Amerikaner gewesen. Auf diesem Weg war der erste Kontakt zu Henry entstanden und später erwuchs daraus eine Freundschaft. Als Henrys Tochter zwölf Jahre alt wurde und Bat-Mizwa feierte, wurden wir eingeladen. Meine Eltern nutzten die Gelegenheit, flogen hin, und nahmen mich mit. Mein Bruder musste zu Hause bleiben, er war zu jung. Diese Kleinigkeit hat die ganze Reise sogar noch etwas besonderer gemacht.

Henrys Familie verwöhnte und umsorgte uns, sie hatten ein wunderschönes Anwesen mit Schwimmbad und Gästehaus. Sie zeigten uns ganz Florida, beschenkten uns und führten uns zum Essen aus. Für sie waren wir noch die arme Migrantenfamilie, die vor Kurzem in ein neues Land immigriert war und nun Unterstützung und Wärme brauchte. Wir haben die Freundlichkeit dankend angenommen und fühlten uns wie im Schlaraffenland. Riesige Straßen, riesige Autos, riesige Einkaufszentren, eine Riesenauswahl an allem. Alles glänzte, alles war groß. Die Bat-Mizwa-Feier von Henrys Tochter war so aufregend und voller Überraschungen wie der Rest der Reise. Mit einem Zauberer, zahlreichen Gästen, tollem Essen, einer Band und jedes Kind bekam ein T-Shirt mit eigener Karikatur auf der Rückseite.

Ich durfte nach Disneyland und war wunschlos glücklich. Lebensgroße Micky-Maus-Figuren, Achterbahn im Dunkeln, unterschiedliche Erlebniswelten in einem einzigen Park.

Aber auch kleine Dinge waren für mich ganz groß. Deswegen war Subway für mich auf dieser Reise eine kleine Sensation. Die Möglichkeit, dass man bestimmen konnte, was auf das Brot kommt, war phänomenal. Ich wünschte mir einen abartigen Mix für mein Baguette. Die Dame hinter der Theke guckte mich mit großen Augen an und fragte, ob ich mir sicher sei, denn eigentlich passte das ja alles nicht so ganz zusammen. Käse, Thunfisch, Surimi und Philadelphia. Ich war mir mehr als sicher. Es passte. Und es schmeckte himmlisch! Ich war in einem wunderbaren Land.

»Du bist wie Motor von lauteste Auto der Welt«

»Frau Feynberg, haben wir zwei Stunden mit Ihnen?«

»So ist es.«

»Geschichte und dann noch mal Geschichte?«

»Ja.«

»Ohne Sinn. Können wir nicht einfach nach der fünften nach Hause gehen?«

»Natürlich, Max, kannst du nach der Schule nach Hause gehen.«

Max findet mit seiner Idee sofort Zuspruch. Fatih mischt sich ein: »Erklären Sie mir doch, erzieherische Sinn von zwei Stunden selbes Fach machen! Sie hatten doch Erzieherische … ähm … Uni? Man, Frau Feynberg, Sie wissen doch, was ich meine!«

»Klar. Nach der sechsten kannst du gehen, wohin du willst.«

Fatih seufzt. Plötzlich sehe ich, wie Yunus und Zamir einander boxen.

Ich ahne es schon, alles nur Spaß. Zamir sagt immer wieder: »Wow, das war geil! Mach noch mal! Ich will dir zeigen. Ich hab krasse Muskeln!«

»Jungs, lasst das!«

»Ok, ich hör auf. Aber kann ich dann kurz kacken gehen?«

Schon steht Zamir auf und geht Richtung Tür.

»Lass mich kurz überlegen … nein!«

»Kann ich dann was essen?«

»Wenn du jetzt was essen darfst, dann willst du gleich noch mehr!«

»Ich schwör, nein. Was trinken?«

»Das Einzige was du darfst, ist endlich aufzuhören, mir Fragen zu stellen!«

Fatih wacht wieder auf: »Aller Junge, du bist wie Motor von lauteste Auto der Welt. Die ist auch nie ruhig. So ein ADS-Kind bist du.«

»Betül! Kaugummi raus!«

»Warum?«

»Weil du gerade gegen die Schulordnung verstößt und das weißt du genau!«

»Maaan, das ist doch nur ein Kaubonbon!« Sie reißt ihren Mund auf, sodass ich mehr sehe, als mir lieb ist.

»Can, Jacke aus!«

»Aber mir ist kalt!«

»Du hast ja immer noch kein Buch auf dem Tisch? Und besitzt du so etwas wie ein Blatt?«

»Hab ich nicht. Ich dachte, wir machen nix mehr. Nur spielen oder chillen oder so!«

»Chillen kannst du in den Ferien!«

»Uhhh, Frau Feynberg hat ›chillen‹ gesagt.«

»Fatih, warum sitzt du nicht auf deinem Platz?«

»Aber ich will nicht neben der sitzen. Ich schwör, Betül ist Nachrichten.«

»Was ist sie?«

»Nachrichten, sie ist wie Nachrichten! Sie sagt so ohne Pause, was hier passiert!«

Jetzt, wo wir das geklärt haben, kann man doch Unterricht machen.

»Frau Feynberg, können wir spielen?«

»Nö. Ich habe noch weitere sechzig Minuten Zeit, die will ich für Geschichte nutzen.«

Wir lesen einen Text. Nur Gülcan macht irgendwas hinter ihrer Riesentasche, die vor ihr auf dem Tisch liegt. Ich sehe es genau.

»Gülcan! Worum geht es im Text?«

»Wieso fragen Sie mich? Fragen Sie Tuncer!«

Der antwortet tatsächlich. Ohne, dass ich ihn drangenommen habe.

»Nee, ich bin schon Beste. Playboy und so. Aber fragen Sie Gülcan, die macht da was mit ihre Handy! Die soll ma antworten.«

»Was du redest! Deine Mudda ist *der* Beste!«

»Deine-Mutter-Witze bzw. Sprüche sind heute nicht an der Tagesordnung!«

»Aller, Frau Feynberg, ich hab extra ein Buch gekauft für Mutterwitze. Ich muss das jetzt benutzen, war übertrieben teuer. Stellen Sie sich vor! Ich – ein Buch! Wieso sind Sie so? Nur, weil ich meine Tasche auf Tisch habe?«

»Nein, weil ich vor Kurzem selbst zur Schule gegangen bin und weiß, wie was im Unterricht funktioniert, wenn man keine Lust auf Unterricht hat. Und du warst gerade ziemlich auffällig!«

»Frau Feynberg! Bleiben Sie mal ernst! Vor vierzig Jahren Schule gegangen ist doch nicht kurz! Sie sind auch keine zwanzig mehr.« Abdul grinst über beide Ohren. Er will sich mit mir anlegen. Mir kommt der Charmeur Zamir zur Hilfe.

»Sie sind gut gehalten, Frau Feynberg. Maximum 25!«

»Abdul, deine Witze waren schon mal besser.«

Die Klasse schreit wie im Chor: »Uhhhh. Korb, Abdul!«

Ich lasse mich nicht beirren. »Also Gülcan, Tasche vom Tisch und mitlesen! Jetzt!«

»Hä? Ich habe Witz gar nicht verstanden! Wie vierzig Jahre? Sie sind doch jung!«

»Du sollst ja hier auch keine Witze analysieren, sondern Texte verstehen! Jetzt schreibt jeder diese Überschrift ins Heft und unterstreicht sie bunt!«

Ich höre zahlreiche Seufzer.

»Aaaaler, was das hier? Regenbogen malen? Bleistift reicht doch!«

»Leute! Wenn ich ›bunt‹ sage, dann meine ich auch ›bunt‹! Wozu immer diese Diskussionen?«

»Iiihhhh, wie Sie sich jetzt beschweren! Sie sagen doch immer, wir müssen lernen diskutieren. Und jetzt machen Sie so!«

»Ihr diskutiert beziehungsweise lernt in einem ganz falschen Moment zu diskutieren!«

»Wieso wollen Sie eigentlich nicht Rapper werden? Sie sind heute wieder Dissmaschine!«, versucht mir Tuncer zu schmeicheln.

»Weil ihr meine größte Konkurrenz seid! Und ich bin euer größter Fan! Und jetzt ran an die Buntstifte.«

»Gibt doch Schlimmeres!«

»Frau Feynberg! Ich war gestern so in Schock!« Gülcan ist aufgeregt.

»Warum? Was ist passiert?«

»Meine Schwester hat Sie H&M gesehen!«

Könnte sein. Ich war gestern einkaufen und ich kenne die gesamte Familie von Gülcan. Und die Familie kennt mich.

»Aha. Und wo ist der Zusammenhang zwischen ›Frau Feynberg war bei H&M‹ und deinem Schockzustand?«

Die nächste Frage schreit Gülcan so laut, dass die gesamte Schule sie hören muss: »Was machen *Sie* denn H&M?« Etwas leiser fügt sie hinzu: »Lehrer bei H&M und so … Geht gaaar nicht!«

»Du wirst es nicht glauben, aber ich habe eingekauft. Auch Lehrer brauchen etwas zum Anziehen.«

»Überhart. Hätte ich echt nicht von Ihnen gedacht.«

Meine Schüler denken allerdings nicht daran, dass ohne Mathe, Deutsch und Englisch in der bösen Welt da draußen gar nichts geht. Ich weiß es, die Schüler nicht. Sie wollen es einfach nicht glauben, denn »irgendwie wird es nach der Schule schon werden«. Ich bin nur eine Lehrerin und damit sowieso unglaubwürdig. Das führt immer wieder zu endlosen Diskussionen.

»Ich muss doch nichts aufschreiben! Sehen Sie, hier …«, Jannes zeigt auf seinen Kopf. »Ich habe alles hier drin. Einmal draufgeschaut und alles gespeichert!«

»Lieber Jannes, die Hausaufgabe lautete nicht ›Du sollst es im Kopf haben‹, sondern ›Du sollst es aufschreiben‹.«

»Oh man, immer dieses Arbeiten. Also ob ich Erörterung später in meinem Job brauche.«

»Vielleicht hast du sie bisher in deinem Alltag nicht gebraucht. Spätestens in der Ausbildung musst du zeigen, dass du argumentieren kannst. Und im Beruf musst du deine Kunden von deinen Produkten und Fähigkeiten überzeugen.«

»Erst mal gehe ich zur Uni und dann Beruf.«

Es soll ja Fälle geben, bei denen Menschen plötzlich aufwachen und zu Genies mutieren. Bei meiner Klasse muss ich momentan selbst die Berufsbildungsreife infrage stellen. Aber gut, dass meine Schüler da optimistischer sind und bereits von der Uni sprechen. Als ob die Diskussion mit Jannes nicht schon ausreichend wäre, bringt jetzt noch Önder seine Einwände ein. »Wenn ich standesamtlich arbeite, dann muss ich gar nix machen. Die sollen mich dann danken, dass ich überhaupt was mache!«

»Ähmmm … ehrenamtlich?«

»Meinen Sie, ich kann kein Deutsch?«

»Jedenfalls musst du auch bei ehrenamtlichen Tätigkeiten etwas können.«

»Gar nix muss ich!«

»Du brauchst einen Abschluss, ich habe meinen schon. Von mir aus kannst du dich auch draußen hinsetzen und aus dem Fenster starren. Auch gut.«

»Hä? Wieso? Wollen Sie mich aus dem Unterricht schmeißen? Ich habe doch das Recht zu lernen. Ich gehe jetzt zum Schulleiter, weil Sie mich mobben!«

Plötzlich rennt Abdul durch die Klasse. »Uuuhhhh, uuuuhhh … Ich kann nicht mehr! Uuuuhhhh …«

»Abdul! Was ist denn mit dir los? Ich fühle mich gerade etwas gestört durch dich, muss ich zugeben.«

»Was machen Sie mich denn so dumm an? Was kann ich dafür, dass ich pissen muss?«

Abdul geht auf die Tür zu und macht sie auf.

»Stehen geblieben! Aber zackig! Du bist doch erwachsen und musst deine Bedürfnisse kontrollieren können!«

»Nee …«

»Frau Feynberg, darf ich aufs Klo?«

»Nein, Fatih.«

»Aber Abdul darf auch!«

»So ein Quatsch! Was redest du da, Fatih? Er hat sich selbst die Erlaubnis erteilt!«

»Ok, dann schmeißen Sie mich raus.«

Fatih grinst über beide Ohren. Natürlich, ist ja auch eine Superidee, rausgeschmissen zu werden, im ganzen Schulhaus rumzugeistern und wann immer man möchte, aufs Klo gehen zu können.

»Du bleibst schön hier und wartest bis zur nächsten Pause!«

»Wallah Fatih, hör ma nicht drauf, du hast doch das Recht, aufs Klo zu gehen. Ist hier schon wie in Kloster! Oder Gefängnis oder so.«

»Ich schwör, Yunus hat übertrieben recht! Sogar im Gefängnis sind die Pausen länger und wir leben hier schon wie Gefangene!«

»Ey Frau Feynberg, ich weiß, wo es den Gefangenen so richtig mies schlecht geht!«

»Sehr schön. Wenn du die Füße vom Stuhl genommen hast, kannst du es uns gerne sagen!«

»Was Füße? Stört Sie?«

»Ja.«

Önder stöhnt ziemlich laut und rollt mit den Augen, nimmt aber die Füße runter. Ein kleines Glückserlebnis für mich.

»Also, die Gefangenen in …«

»Ich habe es mir anders überlegt. Du darfst es jetzt doch nicht sagen. Es ist nämlich hier nicht das Thema! Herrschaften, ehrlich gesagt, habe ich es satt, die ganze Zeit mit euch zu diskutieren. Wir wollen euch doch nichts Böses! Wer meint denn hier, dass er den Abschluss ohne Probleme schaffen wird?«

Alle Hände außer Nafisas und Justins gehen hoch. Nafisa glaubt nicht an sich und Justin hat einfach die Frage nicht gehört.

»Natürlich werde ich diese Kinderprüfung schaffen. Wer schafft es denn nicht? Bisschen was hinschreiben und fertig. Hallo, mit einer vier besteht man die schon! Nur Dumme und Behinderte schaffen die nicht!« Fatih versteht meine Aufregung überhaupt nicht.

»Ich hoffe wirklich, dass die Prüfungen für euch supereinfach sein werden. Momentan zweifele ich aber eher dran. Ihr macht keine Hausaufgaben und im Unterricht schlafen die meisten! Und es wird über alles diskutiert!«

Jetzt meldet sich Can. Das ist heute die erste aktive Meldung, bisher gab es nur Reingeschreie.

»Frau Feynberg, ich bin nicht so traurig, wenn ich diese Abschluss nicht schaffe.«

»Ah ja? Und was willst du dann machen?«

»Ich brauch nicht so viel, ich nehm auch eine Arbeit für zehn Euro pro Stunde. Und so eine Arbeit kriegt doch jeder.«

»Jeder? Weißt du, wie schwer es heutzutage ist, ohne Abschluss eine Arbeit zu bekommen und dann noch zehn Euro die Stunde zu verdienen?«

»Jaaa, wenn man schwarz Baustelle arbeitet.«

»So Leute, genug diskutiert. Nehmt bitte ein liniertes Blatt raus. Ich diktiere euch einen Text.«

»Boah, schon wieder schreiben? Können wir nur Hälfte?«

Momentan lautet die Devise »Ruhe bewahren« und irgendwie die Zeit bis zu den Ferien überstehen.

Die Schüler sind so was von ferienreif. Von mir spreche ich erst gar nicht. Ich träume von Ausschlafen und Faulenzen. Ich träume davon nachts und tagsüber. Na ja, bald ist es so weit. Aber vorher muss man sich noch mit einigen – nicht immer angenehmen Dingen – auseinandersetzen.

Man muss zum Beispiel nach Telefonnummern suchen, um ein Kind beziehungsweise seine Eltern zu erreichen. Nur weil eine Telefonnummer bei der Anmeldung angegeben wurde oder auf der Klassenliste steht, heißt das noch lange nicht, dass sie auch existiert. Nachdem ich zum dritten Mal die Ansage »Nummer nicht vergeben« höre, fahnde ich nach einer gültigen Nummer. Ich meine wirklich »fahnden«. Der betreffende Schüler hat nämlich keine Ahnung, wie ich seine Eltern erreichen kann. Er kennt seine Nummer nicht auswendig und die Handynummern der Eltern hat er sowieso noch nie zu Gesicht bekommen. Zumindest behauptet er das und weil ich das nicht überprüfen kann, muss ich dem Glauben schenken und Detektiv spielen. Heute wollte ich bei Abdul anrufen. Während die anderen schreiben, kann ich das mit der Nummer ja versuchen. Ich rufe ihn zu mir.

»Ist deine Mutter zu Hause?«

»Warum?«

»Ich muss mit ihr sprechen.«

»Warum?«

»Du weißt genau, warum.«

»Maaan, immer sind Sie auf mich fickiert!«

»1. Erstens: Fixiert und 2. zweitens: nein, nicht nur auf

dich. Andere müssen auch leiden. Und ich weiß nicht, wann ich das letzte Mal irgendwelche Hausaufgaben von dir erblickt habe. Das ständige Zuspätkommen muss ich auch ansprechen. So wird es nie was mit dem Abschluss! Ich habe gestern bei dir zu Hause angerufen. Die Nummer ist nicht vergeben. Habt ihr die Nummer zu Hause gewechselt?«

»Sag ich nicht.«

»Abdul, ich brauche ganz dringend irgendeine Nummer von deiner Mutter. Die Handynummer geht auch.«

»Kenn ich nicht.«

»Abdul! Nummer her! Sofort!«

»Ich darf Sie die Nummer nicht geben!«

»Weil?«

»Weil Datenschutz!«

Wenn man Glück hat, dann weiß man, wie die älteren Geschwister heißen und kann versuchen, sie per Facebook zu kontaktieren oder eben so lange auf den Schüler einreden, ihm mit Hausbesuch oder Ähnlichem drohen, bis er die Telefonnummer rausrückt. Alles andere wäre langweilig! Facebookaccounts und »Freundschaften« mit Schülern können wirklich hilfreich sein.

Wie öde wäre es eigentlich, wenn unsere Schüler plötzlich eines Morgens als die bravsten Menschen dieser Welt aufwachen würden? Zum Glück ist das bisher nicht passiert und das Entertainment-Programm kann Tag für Tag fortgesetzt werden.

Zweiter Teil der Stunde: Partnerarbeit.

»Ich mach nicht mit dem in eine Gruppe! Ich habe sowieso kein Bock auf die Aufgabe!«

»Melina, jetzt gib dir einen Ruck! Im Berufsleben kannst du dir auch nicht aussuchen, mit wem du arbeiten möchtest und mit wem nicht.«

»Gar nicht!«

»Was wird denn deiner Meinung nach passieren, wenn du am Arbeitsplatz die Zusammenarbeit mit einem Kollegen verweigerst?«

»Gar nix wird passieren, dafür werde ich bestimmt keinen Ärger kassieren! Gibt doch Schlimmeres.«

»Richtig, es gibt Schlimmeres. Für deinen Chef ist es aber untragbar, wenn einer seiner Mitarbeiter den ganzen Laden aufhält, weil er mit einem anderen nicht zusammenarbeiten möchte! Du wirst da nicht gefragt. Es gibt nur eine Anweisung.«

Melina schaut mich desinteressiert an und bleibt an ihrem Platz sitzen.

In diesem Moment schaue ich zu Mirko, dessen Kopf auf dem Tisch liegt.

»Mirko, arbeitest du nicht an der Aufgabe?«

Mirko reagiert nicht und bleibt liegen. Ich komme näher.

»Mirko!«

»Was schreien Sie so?«

»Also, was ist los?«

»Ich bin sauer auf Sie!«

»Aus welchem Grund?« Schweigen.

»Mirko, du musst schon mit mir reden, sonst werden wir das Problem nie klären!«

»Ich hab Hausaufgaben gemacht und Sie haben nicht kontrolliert! Wozu mache ich sie dann? Sie haben schon hunderttausendmal nicht kontrolliert.«

Ich nehme es mir zwar immer wieder vor, aber es ist tatsächlich schwer, bei so einem Chaos jedes Mal die Hausaufgaben zu kontrollieren …

»Hunderttausendmal? Hast du dich nicht ein bisschen verzählt?«

Mirko bleibt trotzig. »Das ist nicht lustig! Dann eben hundertmal. Zähle ich doch nicht!«

»Hey, ich merke auch an der Mitarbeit in der Stunde, ob jemand die Hausaufgaben gemacht hat oder nicht. Also keine Sorge! Jetzt mach lieber die Aufgaben, sonst verlierst du wertvolle Punkte für deine heutige Note.«

Mirko bewegt sich lustlos zu seinem Partner, so, als würde er mir unter großer Anstrengung einen Riesengefallen tun.

Angekommen

Auf dem Gymnasium wurde mein Leben um einiges leichter. Ich sprach nun nahezu perfekt Deutsch, hatte Freunde und mich mittlerweile in meiner neuen Heimat eingelebt. Ich wollte nicht mehr nach Moskau, jetzt war Deutschland mein Zuhause. Seit unserer Ausreise waren nur zwei Jahre vergangen, aber ich war ein anderer Mensch.

Das Schulleben im Gymnasium unterschied sich immens von dem davor. Die Schule war eine andere, die Klassenzusammensetzung auch. Ich besuchte nun eine nach der Grundschulzeit neu zusammengewürfelte Klasse mit allen möglichen Nationalitäten. Ich bin mir nicht sicher, ob die Bezeichnung »Migrationshintergrund« damals existierte. Wenn ja, traf sie auf den größten Teil meiner neuen Klasse zu. Jeder war neu, jeder musste sich anpassen, sich in der neuen Umgebung, mit neuen Schülern, Lehrern und Fächern zurechtfinden. Das Gefühl, fremd zu sein, das ich aus der Grundschule kannte, hatte ich hinter mir gelassen und das fühlte sich gut an.

Die neuen Lehrer waren natürlich sehr unterschiedlich. Manche Lehrer mag man, andere eben nicht. Insgesamt kann man aber sagen, dass sie es gut mit uns hatten. Zumindest aus meiner heutigen Perspektive. Höchstwahrscheinlich haben sie sich auch beschwert. Aber sie hatten nicht mit einschneidenden geldsparenden Reformen zu kämpfen, unterrichteten meist Schüler, die mit dem Ziel in die Schule kamen, das Abitur zu bekommen, sprachen mit Eltern, die sich interessierten. Irgendwie hat das Frontalunterrichten mit ungefähr dreißig Schülern in einer Klasse funktioniert, irgendwie sammelten wir Wissen an, irgendwie schafften wir es, höchstens einmal im Schulleben beim Direktor zu landen. Selbst das war uns äußerst peinlich. Dieses Erlebnis wollte man kein zweites Mal über sich ergehen lassen.

Alles funktionierte, obwohl wir weder die Festnetz- noch die Handynummer unseres Klassenlehrers hatten, mit schrecklich undifferenzierten Arbeitsblättern oder alten Büchern unterrichtet wurden und stinknormale Einsen bis Sechsen bekamen. Wir hatten keine Punkte, die sich im E- und G-Kurs unterschieden, keine bunten Blättchen, Gruppenpuzzle oder Lernbuffets, keine Reformmethoden à la »das Kind schreibt zwar falsch, aber es schreibt und das ist schon mal gut«. Die Lehrer haben nicht zwanghaft nach Punkten in den Klassenarbeiten gesucht, um uns irgendwie durchzubringen. Nein, sie waren knallhart. Willst du nicht, dann kannst du gehen. Selbst bei solchen Ansagen wurden wir nicht frech, sondern nickten brav und machten das, was von uns verlangt wurde.

Unsere Englischlehrerin beispielsweise rief nach jeder zweiten Frage seitens der Schüler »silly question« aus. Das war besonders erbaulich, wenn man sich erst mal fünf Minuten dazu überwinden hatte müssen, überhaupt die Hand zu heben. Ein Wunder, dass kein Vater mit juristischen Qualifikationen – oder zumindest Ambitionen – sie dafür verklagt hat. Kann aber auch sein, dass diese Klagegeschichten erst in den vergangenen Jahren in Mode gekommen sind.

Die Gemeinschaftskundelehrerin präsentierte uns jede

Stunde aufs Neue endlose Zeitungsartikel, hatte überhaupt keinen Humor, war kein bisschen pädagogisch veranlagt und einfach eine sehr unsympathische Person. Sie erzählte uns eines Tages, dass es für sie alles andere als einfach gewesen war, Lehrerin zu werden, denn ihr Vater wollte sie eigentlich verheiraten und hinterm Herd sehen. Wir alle fanden es sehr schade, dass aus den Herdplänen nichts geworden war.

Die Jahre auf dem Gymnasium waren toll. Wahrscheinlich die besten Jahre meines Lebens. Natürlich nur im Nachhinein. In jeder Phase meines Lebens dachte ich, dass die nächste Phase die bessere sein würde. In der Uni wird alles entspannter, im Referendariat wird alles spannender, im Beruf wird alles befriedigender. Nur mit der Gegenwart war ich immer äußerst unzufrieden. Und für einen Schüler ist die Schule natürlich doof. Nachdem ich nun diese Phasen alle kenne: Ja, Schule war toll. Ehemalige Schüler, die uns besuchen kommen, schwärmen immer wieder von der vergangenen Zeit: »Frau Feynberg, diese Schule war mies einfach, ich vermiss das voll!«

»Tja, wir haben es euch gesagt …«

Besonders die Oberstufenzeit blieb mir lebhaft in Erinnerung. Wir waren endlich keine Kinder mehr und verfügten bereits über gewisse Freiheiten. In der Schule durften wir Kurse wählen, auch die Eltern erlaubten uns mehr und wir schienen alle Zeit der Welt zu haben. Im Alter von 17, 18 Jahren dachten wir, mit dreißig wäre das Leben gelaufen. Wir wären verheiratet, hätten Kinder, ein Häuschen, ein Haustier und einen Beruf. Bis dahin genossen wir das Leben. Jeden Montag fand die Sneakpreview statt, ein Blockbuster wurde in Originalfassung gezeigt. Die Veranstaltung galt als Treffpunkt für alle angesagten Menschen der Stadt. Wir waren jede Woche da. Um 23 Uhr ging es los.

Gegen 1.30 Uhr war ich im Bett. Am nächsten Morgen saßen wir um kurz vor acht in der Schule. Unheimlich müde.

Zum 15. Geburtstag bekam ich einen roten Gameboy mit einem einzigen Spiel: Tetris. Ein halbes Jahr später erbettelte ich ein weiteres Spiel, Super Mario. Dieses große, schwere Ding war etwas ganz besonderes. Nicht nur, weil es rot und das gängige Modell grau war, sondern weil ich überhaupt so etwas mein Eigen nennen konnte.

Zum 18. Geburtstag gab es ein Handy, eine kleine Telefonzelle mit einer herausziehbaren Antenne. Ich war eine der Ersten in meinem Freundeskreis, die man nun theoretisch rund um die Uhr erreichen konnte. Meine Reaktion fiel für meine Eltern sehr überraschend aus. Ich habe mich geschämt. Wenn ich irgendwo unter Leuten war und meinen Vater bitten musste, dass er mich abholen kam, verkroch ich mich auf der Toilette und rief heimlich an.

Zugegeben, ich nahm die Schule nicht immer ernst, saß bevorzugt in der letzten Reihe, schrieb meinen Sitznachbarn und denen, die weiter weg saßen, Zettelchen und war der Überzeugung, dass schon alles irgendwie werden wird. Erst in der Oberstufe hatte ich ein Ziel: ein gutes Abitur zu machen. Anders meine Eltern: Sie hatten nämlich schon während meiner gesamten Schulzeit dieses Ziel gehabt. Ich sollte möglichst nichts in der Schule verpassen, gute Noten bekommen und natürlich in die nächste Jahrgangsstufe versetzt werden. Ziemlich schnell wurde der russische Erziehungsstil, der sich seit Jahrhunderten nur um Verbote drehte, abgelegt und dem westlichen Erziehungsstil angepasst. Meine Eltern versuchten es immer mehr auf die »Dein Leben – deine Sache, ich kann dich doch zu nichts zwingen«-Art, es gab immer weniger Drohungen. Zumindest, was die wichtigen Sachen im Leben anbelangte. Der Schulstress, der keiner sein sollte, übertrug sich auf alle Bereiche meines Lebens. So wurde der USA-Urlaub ganz genau geplant. Das Flugzeug sollte am Montag, dem ersten Schultag nach den Ferien, um 6.30 Uhr landen. Pünktlich zum Unterrichtsbeginn. Leider verspätete sich der Flug um zwei Stunden. Meine Eltern erwarteten tatsächlich von mir, dass ich zum Büro von Hapag Lloyd dackelte, um eine Bestätigung für die Verspätung des Fluges zu verlangen. Ich musste natürlich am selben Tag, trotz der Verspätung, in die Schule und habe dort diese »Entschuldigung« vorgelegt. Weil die Lehrer so eine Art Entschuldigung nie wieder zu Gesicht bekamen, landete sie im Abijahrbuch. Wegen dieses Papiers und der Hartnäckigkeit meiner Eltern wurde ich bis zum Abitur ausgelacht.

Mai

»Haben Sie mit Sterne Schlägerei gemacht?«

Ich bin schon vor den Schülern im Raum, bereite meine Materialien vor und schaue mich um. Der Raum sieht so friedlich aus. Die Stühle stehen an den Tischen, die Rucksäcke daneben, die Bücher liegen ordentlich da. O.k., es ist erst die zweite Stunde und sie hatten die erste im Musikraum, aber man muss die Ordnung honorieren. Schließlich heißt das auch, dass gestern der Ordnungsdienst seine Arbeit gut gemacht hat und das ist nicht immer der Fall. Und es bedeutet, dass seit gestern keine Unordnung hier reingebracht wurde. Immerhin wäre vor Beginn des Unterrichts viel Zeit gewesen, um ein paar Stühle umzuschmeißen oder einige Sum-Sum-Trockennudeln auf dem Boden zu verteilen.

Zuerst erscheint Bülent im Klassenzimmer.

»Wallah, Frau Feynberg, Sie sind's!«

»Ich bin's. Ist das jetzt gut oder schlecht?«

»Übertrieben gut! Ich dacht schon, wären Diebe hier!«

Jetzt kommt auch der Rest der Klasse. Die Jugendlichen bewegen sich schleppend und lustlos zu ihren Plätzen.

»Oglum Bülent, bist du behindert? Was Diebe? Wer soll denn hier was klauen! Hoffentlich nehmen sie dich mit, wenn die kommen!«, lacht sich Emre kaputt.

»Cüüüüs, denkt der, der ist witzig! Vielleicht Tafel? Diese ekligen Stühle? Bücher vielleicht?«

»Aaaler Junge, was du redest! Wer braucht denn Bücher? Denk doch ma ein bisschen, was du redest!«

»Ich brauche Bücher, du Emre, brauchst sie, die ganze Klasse braucht Bücher und alle anderen Menschen auch! Bücher sind lebensnotwendig!«

Emre schaut mich mit großen Augen an, als wäre ich eine Außerirdische von einem weitentfernten Planeten, von dem noch nie ein Mensch etwas gehört hat. Eigentlich gucken mich die meisten ganz komisch an.

»Gar nicht. Ich brauch doch keine Bücher.«

Die anderen nicken zustimmend.

»Jungs, es gibt ganz tolle Bücher! Richtige Meisterwerke. Da beginnt man zu lesen und kann gar nicht mehr aufhören!«

Als Antwort bekomme ich schallendes Gelächter.

»Meisterwerke? Ich bin hier der Meister, ich schaff Modern Warfare 3 in so kurze Zeit, da schaffen Sie nicht mal ein Buch zu lesen! Meisterwerke alta ... Wer braucht die?«

»Emre, du hast keine Ahnung.«

»Klar habe ich Ahnung, größte Ahnung auf der Welt. Aber ich schwör, ich brauch kein einziges Buch! Ich brauch Playstation Spiele. Kennen Sie Modern Warfare 3? Ist neu und krass teuer. Frau Feynberg, was würden Sie für ein Spiel ausgeben?«

»Weniger als für ein Buch!«

»Echt!?«

»Natürlich.«

»Wenn Sie wollen, ich besorg Ihnen Modern Warfare 3 für billiger! Oder iPhone? Oder Playstation?«

Emre grinst über beide Ohren. Ich kann mich nicht mal zu einem kleinen Lächeln bei dem Wort »besorgen« überwinden.

»Ooook, ich kann Ihnen auch Bücher besorgen, wenn Sie wollen! Auch diese … wie die heißen … diese Meisterbücher.«

Er deutet meinen Gesichtsausdruck richtig: »Maaan, Spaß, Frau Feynberg. Was denken Sie über mir? Haben Sie Wahnvorstellungen? Aber ich schwör trotzdem auf mein Leben, Sie haben kein Plan. Sogar mein kleiner Bruder spielt das schon.«

»Dein kleiner Bruder kann etwas mit einer Playstation anfangen? Der spricht doch noch nicht mal?«

»Dooooch, aber nur Ausdrücke auf Türkisch.«

Plötzlich kommt Zamir ganz langsam auf mich zu und schaut mich sekundenlang an.

»Ey, Frau Feynberg, haben Sie Schlägerei gehabt? Oder sind Sie gegen Wand gelaufen?«

»Wie – Schlägerei?«

»Ihre Gesicht ist so … komisch … mit so … rote Punkte überall. Und dann diese Glänze, haben Sie mit Sterne Schlägerei gemacht? Extra, damit Sie glänzen?«

»Nein, ich habe bloß einen Ausschlag und eine Salbe aufgetragen. Deswegen glänzt die Haut so.«

»Frau Feynberg, Sie glänzen doch immer für uns! Wieso Schlag? Hat Sie jemand geschlagen? Sagen Sie mir wer. Ich beschütz Sie dann! Ich geb dem so ein Nacken, der vergisst, wie seine Mudda heißt!«

»Natürlich hat mich keiner geschlagen, immer noch nicht. Ich bin nur auf etwas allergisch. Danke für dein Angebot, aber du brauchst mich nicht zu beschützen!«

»Cüs Frau Feynberg, das geht so nicht weiter! Sie müssen mal Ihre Antworten ändern. Wenn Sie wollen, ich bring Ihnen bei, wie man reden soll. Dann werden alle kuschen vor Sie. Die haben alle mieseste Respekt dann vor Sie!«

»Und wenn ich nicht möchte, dass alle vor mir kuschen?«

»Klar, möchten Sie! Aber wenn Sie jemand schlägt oder so Gewalt machen, dann sagen Sie Bescheid, ja? Aber nicht auf mich allergisch, wa? Mich lieben Sie!«

»Doch, auf Schüler, die Computerspiele bevorzugen, statt Bücher zu lesen. Alles fängt an zu jucken, wenn ich euch sehe …«

»Boah, Frau Feynberg, wie gemein Sie sind! Aber heute ist ja Wochenende. Dann können Sie sich schön ausruhen, bisschen Playstation zocken. Ich schwör, Sie sind dann gar nicht mehr so aggressiv!«

»Man ist nur einmal jung«

Was für ein übler Tag. Montag nach so einem … ähm … lustigen und langen Wochenende, mit sehr wenig Schlaf. Ein Wochenende, an dem ich mich wieder jung gefühlt habe. Nicht, dass ich mich alt fühle, aber jedes Wochenende Partymachen geht einfach nicht mehr. Die Knochen, der Kopf, man kennt das ja … Heute ist also so ein Tag, an dem man sich beim Autofahren doppelt konzentrieren muss, Kaffee intravenös braucht und eigentlich nicht allzu viele Geräusche verkraften kann.

Ich komme nur halb wach in der Schule an. Schon klebt Walmir an der Fensterscheibe meines Autos.

»Guuuten Morgen, Frauuu Feeeynbeerg!«

»Guten Morgen, Walmir. Wie geht's dir?«

»Übertrieben gut! Haben Sie Hertha gesehen? Bestes Spiel ever!«

»Nein.«

»Echt, Sie haben Hertha nicht gesehen!?«

Und noch während ich aussteige, erzählt mir Walmir aufgeregt, detailliert und vor allem sehr laut vom Fußballspiel, das ich verpasst habe.

In der Klasse angekommen, bestürmen mich die Schüler schon mit Fragen:

»Frau Feynberg, warum sind Sie Freitag so schnell in Auto gestiegen und gefahren? Wie Vettel. Waren Sie Krankenhaus?«

»Nein, ich musste ganz schnell zum Bahnhof.«

»Eeecht, sind Sie *deutsche* Bahn gefahren?«

»Nein, bosnische.«

Nathalie schaut mich mit großen Augen an.

»Hä? Wie jetzt?«

O. k., die Humorschiene funktioniert heute also nicht.

»Ich will, dass mein Bruder auch Bahn fährt.« Gülcan springt vor meiner Nase hin und her.

»Wieso das denn?«

»Ich will den Wanderzirkus schicken. Für immer. Soll der durch die Welt reisen. Der nervt übertrieben!«

Murat weiß Bescheid: »Sie waren doch bei Geburtstag von Ihre Oma.«

»Ja, auch.«

»Was haben Sie ihr geschenkt?«

»Einen schönen Strauß Blumen.«

»Wie Blumen? Die freut sich wegen Blumen? Was haben Sie denn für eine Oma? Warum keine Diamantenohrringe oder so?«

»Wie alt ist Ihre Oma geworden? 102?«

»Nein, nur 78.«

»Wallah? Sooo alt? Meine ist erst fünfzig oder so.«

»Aaaaler, Nafisa bist du Schwerbi oder so? Frau Feynberg ist ja auch schon suuuperalt.«

»Erstens: Ich bin noch nicht *super*alt. Zweitens: Was soll denn Schwerbi sein?«

»Sie sind superalt, wenn Sie das nicht kennen! Schwerbi ist schwerbehindert.«

»Eure Ausdrücke sind so was von verachtend, das widert mich an.«

»Gaaar nicht, man spricht halt so.«

Plötzlich werden die Augen von Walmir enger, er fängt an zu grinsen. »Aller, Frau Feynberg, haben Sie Party gemacht? Wie müde Sie aussehen. Wenn Sie schlafen wollen, wir können nach Hause gehen. Nema Problema, wissen Sie?«

Ich packe weiter meine Sachen aus und ignoriere die Frage.

»Uhhhh, Sie haben Party gemacht! Frau Feeeynbeeerg, Party und so? Was geht nächstes Wochenende Frau Feynberg? Wollen Sie mit mir auf die Piste?«

Ich schweige eisern weiter, bis Isabel eine Weisheit von sich gibt: »Also, ich verstehe das, Frau Feynberg! Man ist nur einmal jung!«

Wie ich mich traute, Lehrerin zu werden

Im Grunde genommen hatte ich diesen Beruf unbewusst schon lange gewählt. Als kleines Kind spielte ich »Schule«. Ich nahm meine Puppe Alessia, setzte sie auf einen Stuhl und fing an, ihr etwas zu erzählen und zu erklären. Dabei tat ich so, als stünde ich an der Tafel vor einer ganzen Klasse. Dass die Puppe ein Baby und kein schulpflichtiges Kind darstellte und alle anderen Kinder überhaupt nicht existierten, spielte für mich keine Rolle.

Während eines meiner zahlreichen Besuche in Königsberg führte ich im Alter von neun Jahren ein Berufsorientierungsgespräch mit meiner Oma.

»Oma, was soll ich denn werden, wenn ich groß bin?«

Mit der Frage hatte sie wahrscheinlich damals noch nicht gerechnet und versuchte deshalb, mir möglichst diplomatisch zu antworten: »Es ist deine Entscheidung, welchen Beruf du für dich wählen möchtest. Nur deine.«

Doch so leicht wollte ich meine Oma nicht davon kommen lassen.

»Ich werde das, was du jetzt sagst.«

Oma runzelte die Stirn und machte einen durchaus sinnvollen Vorschlag.

»Ich möchte, dass du Ärztin wirst.«

»Warum denn das?«

»Na, weil man Menschen bei ihren Problemen helfen kann. Du machst dann kranke Menschen wieder gesund. Das ist die beste Arbeit, die man verrichten kann.«

Ein wirklich nachvollziehbarer Vorschlag. Nur nicht für mich: »Ich will aber nicht Ärztin werden. Vielleicht sollte ich Lehrerin werden. Dann kann ich doch Kindern helfen.«

Erst mal um Rat fragen und dann doch das machen, was man selbst für richtig hält: die Logik eines Kindes. Damals ahnte ich noch nicht, dass nicht etwa das Unterrichten, sondern tatsächlich die alltägliche Hilfe und ein offenes Ohr für die Schüler die meiste Zeit meiner Lehrtätigkeit in Anspruch nehmen würden.

Nachdem ich die Schule beendet hatte, konnte ich mir jedoch nur schwer vorstellen, dort zu arbeiten. Man hatte die Schule zu hassen und man sollte sich freuen, endlich draußen zu sein. Sobald man das Abi in der Tasche hatte, musste man behaupten, man wäre unheimlich glücklich, weder diese komischen Gestalten noch die Schule jemals wieder sehen zu müssen. Zumindest von innen. Sonst war man bei den Schulkameraden untendurch. Bei uns war das auf jeden Fall so. Wir versuchten, einander mit Hassgeschichten über die Lehrer zu überbieten.

Meine Mutter dagegen war schon immer der Überzeugung, dass Pädagogik mein Fall sei und ich unbedingt den Lehrerberuf ergreifen sollte. Sie überzeugte mich Tag für Tag mehr davon, es zumindest zu probieren. Ich sei die geborene Lehrerin. Außerdem könne ich so gut mit Kindern, der Umgang mit ihnen liege mir im Blut. Ich wollte aber etwas machen, was gut klang, was jeden zum Staunen brachte. Ich wollte irgendwas mit Medien machen, irgendwas Kreatives, was »in« war. Das war sicherlich nicht das Lehramt. Leider ging mein Plan nicht auf. Ich verpatzte die schriftlichen Abiturprüfungen. Zwar hatte ich gelernt, aber wohl falsch. Denn auch das Lernen muss man lernen. In der 13. Klasse wusste ich eindeutig noch nicht, wie das funktioniert. Ich bekam die Ergebnisse auf einem kleinen Zettel in die Hand gedrückt und konnte meine Tränen nicht mehr zurückhalten. Ich war wütend, traurig und enttäuscht über mich selbst. Nicht auszumalen, wie enttäuscht meine Eltern sein würden! Mein Tutor versuchte mich vergeblich zu beruhigen und mir zu erklären, dass das Leben nur wegen schlechter Noten nicht vorbei sein musste.

»Frau Feynberg, weinen Sie doch nicht! Ich hatte die gleiche Durchschnittsnote wie Sie und aus mir ist auch was geworden!«

»Toll! Ein Lehrer!«

Nach diesen Worten verließ ich niedergeschlagen den Raum. Zu diesem Zeitpunkt wollte ich alles, aber bestimmt keine Lehrerin werden!

Als mein Numerus clausus für Medienwirtschaft nicht reichte, wollte ich der Pädagogik doch eine Chance geben. Meine Mutter hatte recht, ich konnte schon immer gut mit Kindern und Jugendlichen. Leider hat mich keiner gewarnt, dass der Lehrerberuf heutzutage kein Spaziergang ist. Endlose Kämpfe an allen Fronten und ständige Konfrontation mit Gewalt, Demotivation und langen bürokratischen Wegen. Trotzdem möchte ich nichts anderes machen. Nur die Umstände könnten netter sein.

Vor Kurzem traf ich einen Freund, der mit mir zusammen in der Jugendarbeit tätig war. Ich erzählte ihm von meinem jetzigen Berufsalltag. Während andere bei meinen Erzählungen stöhnen und mich bemitleiden, ließ er sich überhaupt nicht beeindrucken und sagte: »Irgendwie hast du schon immer wie ein Magnet Problemkinder angezogen.« So einfach ist es nicht, aber es stimmt, dass ich mich schon immer für die Familiengeschichten und die Lebensläufe der Menschen interessiert habe. Die Schicksale, die ich vor meiner Zeit als Lehrerin kennenlernte, waren allerdings Kindergeburtstage im Vergleich zu dem, was ich heute miterlebe. Nichtsdestotrotz hat mich die Jugendarbeit so geprägt, dass ich Lust verspürte, mich weiter in diesem Feld zu bewegen. Ich wusste bloß noch nicht, wie ich das anstellen sollte, denn mein Durchschnitt betrug leider nur 2,7. Von meinem Streberbruder muss ich mir bis heute anhören: »Wie konntest du nur so ein schlechtes Abi machen? Abi ist das Einfachste, was es auf der Welt gibt.«

Wenn mich heute jemand fragt, welchen Beruf ich ausübe, dann bringt genau dieser die Leute ins Staunen. Neben den zahlreichen Vorurteilen höre ich auch ganz oft »Wow, Respekt, dass du diese Kinder unterrichtest! Also ich würde mir die Kugel geben und heutzutage niemandem raten, Lehrer zu werden.«

Der Lehrerberuf bringt die Leute ins Staunen und mein Abiturdurchschnitt interessiert keinen Menschen mehr. Nicht mal meine Eltern, die sind nämlich superstolz. Ihre Tochter ist schließlich Lehrerin geworden.

»Nicht leiden, Frau Feynberg«

Nach einem verlängerten Wochenende fällt mir der Montag noch schwerer als sonst. Heute ist einfach nicht mein Tag. Die Nacht von Sonntag auf Montag ist, aus welchem Grund auch immer, meistens eine ganz kurze. Zu wenig Schlaf und gleich nach dem Aufstehen Kopfschmerzen. 26 schreiende und gleichzeitig auf mich einredende Schüler machen die Sache nicht besser. Und heute sind sie *alle* da! Deswegen: Gleich mal vorbeugen.

»Leute, mein Kopf ist quadratisch. Es wäre nett von euch, wenn es heute ruhiger ablaufen könnte.«

»Nicht leiden, Frau Feynberg, Sie müssen Tablette nehmen. Sofort. Sonst wird schlimmer.«

»Gerade erledigt, bis jetzt hat sie noch nicht geholfen. Das Einzige, was jetzt helfen könnte, ist Ruhe.«

»Frau Feynberg, soll ich Sie Krankenhaus bringen?«

Can steht vor mir. Der Abstand zwischen uns beiden beträgt höchstens fünf Zentimeter.

Walmir besteht auf seiner Tablettentheorie: »Frau Feynberg, ich bringe Ihnen morgen Tabletten. Die sind ultrastark. Die helfen sofort. Ruhe hilft doch nicht, nur Tabletten.«

Auch Murat hat einen Rat: »Tabletten sind scheiße, Chemie und so. Sie müssen zu mein Arzt gehen. Mieseste Profi, wo gibt. Der macht Ihre Kopf direkt gesund. Machen Sie ma. Ich bringe morgen Adresse, können Sie gehen. Und dann werden Sie sagen: ›Danke, lieber Murat, du hast mein Kopf gerettet!‹«

»Ich brauche weder eure Tabletten, noch einen Über-Arzt, sondern eine übernette Klasse! Und zwar nicht morgen, sondern sofort! Sonst gibt mein Kopf hier und jetzt den Geist auf und dann braucht ihr eine neue Lehrerin.«

Die gesamte Klasse sitzt plötzlich still da und guckt mich mit großen Augen an. Süß. Zögernd geht ein Finger hoch, Mandy will was sagen.

»Frau Feynberg …«

Sofort schreit Umut: »Man, verstehst du nicht, du hässliches Kind? Sie hat Kopfschmerzen. Halt die Fresse jetzt!«

Irgendwie überlebe ich den Schultag. Leider ist er am Schultor noch längst nicht zu Ende. Ich muss heute nach der Schule denselben Bus wie meine Schüler nehmen. Welcher Teufel hat mich eigentlich geritten, ausgerechnet jetzt mein Auto in die Werkstatt zu geben? Es ist mit das Schlimmste, mit seinen Schülern zusammen in einem Bus zu fahren. Ich komme an die Bushaltestelle. Die Hälfte meiner Klasse ist bereits dort versammelt. Ich will nur eins: ganz schnell meine Kopfhörer finden, Musik hören und bloß nicht angesprochen werden.

»Ey, Frau Feynberg, *Sie* fahren Bus? Haben Sie Auto verkauft? War guter Preis?«

»Ich habe euch doch schon heute in der ersten Stunde erzählt, dass ich mit dem Bus gekommen bin. Auch Lehrer fahren mal Bus.«

»Krass. Wo fahren Sie? Wohnen Sie weit?«

Ich schaffe es nicht zu antworten, denn die nächste Frage kommt sofort.

»Und wieso haben Sie Kopfhörer in der Hand?«

»Weil ich gerade Musik hören wollte. Auch Lehrer machen das.«

»Uhhh MC Feynberg … Hören Sie Rap? Und wieso machen Sie das? Sie müssen sich jetzt mit uns unterhalten. Sonst muss ich Ihnen Handy abziehen. Kann dann Ihre Mutter nächste Woche bei Sekretariat abholen. Aber muss Termin bei mir machen.«

»Du Opfer, hör ma auf, ihre Mutter zu beleidigen!«

Es ist ein Unglück, dass dieser Bus nur alle zwanzig Minuten fährt, so lange zu warten ist einfach grausam. Und kalt ist es auch noch. Eine Gruppe Zehntklässler nähert sich, die ich nicht kenne. Ein ziemlich großer Junge schreit:

»Ey, du!«

Ich ahne Schlimmes.

Murat ist verunsichert: »Ich?«

»Nein, andere du!« Der Junge geht auf Jocelyn zu. »Ey, du! Wo hast du deine Kopfhörer geklaut? Ich will die auch!«

Jocelyn schaut total irritiert.

»Ähmm … ich hab die nicht ge… klaut. Die gab's bei Media Markt im … ähm … Angebot und so.«

Der Unbekannte gibt sich mit der Antwort zufrieden und geht wieder zurück zu seinen Jungs. Ich will das alles gar nicht beobachten.

Lieber Busfahrer, beeilen Sie sich bitte und bringen Sie mich hier ganz schnell weg. Dann fällt mir ein, die Schüler kommen ja mit. Aber vielleicht reden sie ja im Bus nicht so viel.

Meine Gebete werden erhört. Die Schüler steigen fast alle hinten ein, obwohl in Berlin alle vorne einsteigen und ihre Fahrkarte vorzeigen müssen. Der Busfahrer meckert. Der Arme. Ich fühle mich verantwortlich. Auch nach dem Klingeln.

Im Bus bleibt ein Grüppchen vor der Fensterscheibe stehen.

»Aller, guck ma hier, meine eine Ohr ist größer als andere Ohr! Wieso ist das so? Vielleicht ist Fenster schief?«

»Du Knecht, du bist schief!«

»Frau Feynberg! Gucken Sie, Baustelle.«

»Der Wahnsinn.«

»Wenn ich nicht so gute Noten habe, kann ich doch noch Bausteller werden oder wie das Ding heißt, oder? Oder ich nehme Beruf ›Murat schlagen‹. Geht das?«

»Darüber können wir uns ja am Montag unterhalten. Ich muss jetzt leider, leider aussteigen.«

Juni

»Ich schwör, ist nicht meine Schuld«

Ich parke um neun Uhr vor der Schule. Der Bus kommt. Walmir steigt ein. Er sieht mich nicht. Tausende Fragezeichen schwirren in meinem Kopf: Arzttermin? Kann nicht sein, ich weiß nichts davon. Bauchkopfschmerzenmiristsoschlechtichmussnachhause? Er ist nicht der Typ dafür. Es kann nur eins sein: Er hat irgendetwas angestellt. Ich gehe ins Sekretariat, um zu fragen, was passiert ist. Ich muss nachfragen, ich bin die Klassenlehrerin und fühle mich verantwortlich.

Die Sekretärin erzählt mir, dass Walmir nach Hause geschickt wurde. Eine halbe Stunde später war er wieder da – mit seinem tobenden Vater. Der hat wohl den Unterricht gestürmt, die Klassentür aufgerissen, die Lehrerin beleidigt, drei Minuten am Stück geschrien. Sein Sohn doch nicht, immer er, was das solle? Und überhaupt: »Wer bist du? Bist du neu? Ich kenn dich nicht. Ich ruf gleich Schulamt, Rechtsanwalt und so. Ihr kümmert euch nicht um meine Sohn! Ich sage dir immer: Rede mit er, er soll nicht zu spät Schule. Und er wieder zu spät. Er kriegt Ärger! Die Klasse aber alle laut. Du Dummkopf! Weißt du? In Kosovo. Meine Sohn. Er war Präsident. Von Kindergarten. Warum mein Sohn? Meine Sohn nix gemacht, hat gar nix nötig so was. Wir sind schon viele Jahre Deutschland, noch nie Probleme mit Amt!«

Ich bin entsetzt. So etwas wie Mitleid steigt in mir auf. Mit dem Jungen. Sein Vater scheint noch im Gebäude zu sein. Ich will jetzt auf keinen Fall von ihm angeschrien werden. Mein Kopf dröhnt und ich habe noch nicht mal mit dem Unterricht angefangen. Kaum verlasse ich das Sekretariat, laufe ich ihm in die Arme.

»Weißt du, du verstehst mich! Walmir sagt, du bist auch Ausländer wie wir. Du bist auch nicht von hier. Die mögen hier keine Ausländer. Und meine Sohn hasst ihr auch! Der ist doch so eine nette Junge und will gut sein in Schule!«

Er sieht aus wie ein professioneller Boxer. Hoffentlich tut er mir nichts. Ich erkläre dem Herrn freundlich, dass ich jetzt ganz schnell weiter muss und es gleich klingeln wird. So freundlich, wie ich unter diesen Umständen bleiben kann. Denn innerlich koche ich. Aber es funktioniert. Er geht.

Ich bin immer noch aufgewühlt, irgendwie stehe ich neben mir. Dennoch versuche ich möglichst ruhig vor die Klasse zu treten.

»Ihr hattet eine Hausaufgabe, die wir jetzt vergleichen werden. Wer hat sie nicht gemacht?«

Zögerlich gehen einige Hände hoch. Es werden immer mehr. Hausaufgaben sind wohl einfach unnötig. Zusätzliche Arbeit. Dann lieber doch den ganzen Tag »Call of Duty zocken, Döner gehen und in Park chillen«.

»Aller, Frau Feynberg, ich schwör, ist nicht meine Schuld!«

Tuncer steht vor mir.

»Setz dich hin, ich kann dich auch von deinem Platz gut hören. Ist es meine Schuld, dass du die Hausaufgabe nicht gemacht hast?«

»Ja, weiß ich doch. Ich hab auch Hausaufgabe gemacht. Aber ich dachte, heute ist Erdkunde!«

»Ihr habt seit vier Monaten donnerstags Geschichte!«

»Jaaa, woher soll ich wissen?«

»Du besitzt einen Stundenplan!«

»Ja … nein … meine Mutter hat dem gewaschen. Also die hat mein Rucksack gewaschen und Stundenplan war drin. Ich schwör, ich konnte danach gaaar nix erkennen! Und Sie sagen doch, man muss Rucksack mindestens einmal die Woche leer machen!«

»Ja, was denn nun? Rucksack mit Stundenplan gewaschen oder Stundenplan aus dem Rucksack genommen und nie wiedergefunden?«

»Ich weiß nicht.«

Plötzlich höre ich Bülent.

»Aller Tuncer, was für schlechte Noten du hast! Wie deine Mudda ausrasten wird, wenn Frau Feynberg anruft!«

»Hast du meine Mudda beleidigt? Red nich mit mir!«

»Ich red, mit wem ich will! Geh mal nach Hause, du Hund!«

»Red nich mit mir, habe ich gesagt! Wenn du noch ma mit mir redest – Klatsche auf Nacken!«

»Bülent, schau lieber auf *deine* Noten und nicht auf die Leistungen der anderen Schüler!«

»Maaan, wie Sie mich immer beleidigen! Nur weil ich Mathe nicht kann!«

»Und Englisch. Und Erdkunde. Und Physik. Und Chemie.«

Orientierungslos

Orientierung ist was Feines. Wenn man sie hat. Meine verschwand direkt nach der Schule.

Die Uni versetzte mir einen Schock. Viel zu viele Informationen auf einmal prasselten auf mich ein, ich quetschte mich in überfüllte Hörsäle und in meinem Kopf schwirrten tausende Fragezeichen. Ich vermisste die geordnete, behütete Schule und einen festen Stundenplan. Heute wünschte ich, ich hätte mich informiert, genau überlegt, effizienter meine Zeit kalkuliert und nicht einfach so vor mich hin studiert. Nach drei Semestern Pädagogik, Germanistik und Judaistik beschloss ich, dass ein Lehramtsstudium doch sinnvoll sein könnte. Wozu braucht man Judaistik mit einem Magisterabschluss, wenn man dasselbe auch mit dem Abschluss Staatsexamen erwerben und somit auf einen sicheren Job zusteuern kann. Die einzige Uni, die das anbot, war die Universität in Heidelberg. In Frankfurt meldete ich mich also ab, in Heidelberg an. Jetzt studierte ich Jüdische Religion auf Lehramt für Gymnasien und brauchte ein zweites Fach. Ich träumte von Geschichte. Doch hier ging ohne Latinum gar nichts. Es folgten Englisch, Deutsch, Physik und Geografie. Manches wurde nicht bestanden, anderes entsprach bereits nach einer Vorlesung nicht mehr meinen Vorstellungen, also landete ich bei Politik.

Heidelberg und ich wurden einfach nicht warm miteinander. Vielleicht, weil Heidelberg mir viel zu klein war. Vielleicht, weil Judaistik mir nicht lag und ich das erst mal nicht akzeptieren wollte.

Ich kehrte also zurück nach Frankfurt und beendete mein Studium. Es war hart. Lehramtsstudium, Magisterarbeit, Jugendarbeit, Nebenjobs, Schulpraktika, lernen für das Staatsexamen, lernen für den Magister. Aber ich habe es geschafft. Mit viel Schweiß, Ausdauer und auch Müdigkeit. Studieren hat mir Spaß gemacht, aber ich hatte mir zu viel vorgenommen und es hat zu lange gedauert. Das Einzige, was mich nach den 14 Semestern beruhigte, war die Tatsache, dass ich das Staatsexamen, aber auch einen Magisterabschluss in Pädagogik und Politik in der Tasche hatte. Ich hatte nun mein Studium für Lehramt an Haupt- und Realschulen abgeschlossen. So war das nicht geplant gewesen. Aber erstens kommt es ja bekanntlich anders und zweitens als man denkt. Als Tochter einer zielstrebigen Familie fand ich es angebracht, mindestens Lehramt für Gymnasien zu studieren. Alles andere war für mich eigentlich keine Option. Weil die Zeit aber drängte und ich endlich fertig werden wollte, entschied ich mich für das kürzere Studium. Durch meine Jugendarbeit wusste ich, dass ganz junge Kinder nichts für mich sind. Nicht zuletzt wegen Situationen wie dieser:

»Leeeeeaaaaa …«

»Jaaa?«

»Ich will auf's Klo!«

»Dann geh doch!«

»Aaber ich weiß nicht wieeee …«

Als ein weiteres Kind sich beim Essen an einem Hähnchenknochen verschluckte und den gesamten Mageninhalt auf den Teller erbrach, stand die Entscheidung fest: Grundschullehramt kam auf gar keinen Fall infrage. Es blieb nur noch eine Möglichkeit, nämlich Lehramt für Haupt- und Realschulen. Ich bin da also halb freiwillig reingerutscht und ich bereue es kein bisschen. Das, was ich jetzt mache, ist genau das Richtige für mich.

1700 Euro und 24 Stunden Flugzeit war ich von Australien entfernt. Ich weiß gar nicht, wie es zu diesem Traumziel kam, aber irgendwann stand es fest. Bei meinem Onkel und meiner Tante zu wohnen, mit Cousine und Cousin Spaß zu haben und nebenbei ein Praktikum zu machen. Der Traum wurde wahr, zum Magisterabschluss bekam ich von meinen Eltern ein Flugticket.

Mein Onkel und meine Tante sind ungefähr zur gleichen Zeit wie wir aus Moskau nach Melbourne ausgewandert. Meine Cousine kam noch in Moskau zur Welt, mein Cousin schon in Melbourne. Als ich noch zu Hause gewohnt habe, kam mein Vater regelmäßig sonntags um zehn Uhr in mein Zimmer, hielt mir den Laptop vor die Nase und sagte: »Du schläfst doch nicht mehr, sag mal deinem Onkel ›hallo‹!« Mit halb geöffneten Augen erkannte ich meinen Onkel auf dem Bildschirm, der mich gut gelaunt fragte, wie es mir denn ginge.

Obwohl sie in ein anderes, ein offizielles Einwanderungsland immigriert sind, gab es in Australien ähnliche Probleme wie bei uns in Deutschland. Meine Cousine hatte Schwierigkeiten in der Schule, mein Onkel und meine Tante mussten die Sprache lernen, diverse Umschulungen machen und Arbeit finden. Zwar klappte nicht alles problemlos und nicht sofort, aber letztlich ging alles gut.

Vor Antritt meiner Reise gab mir meine australische Familie einige hilfreiche Tipps und warnte mich vor: »Lea, bei uns ist es sooo kalt, du wirst erfrieren, wenn du deine Daunenjacke nicht mitnimmst. Nimm sie unbedingt mit! Hörst du? Unbedingt!« Als ich in Melbourne ankam, waren es zehn Grad und es regnete. Ja, Regen mag etwas unangenehm sein, aber kalt war es nun wirklich nicht. So blieb es die gesamten fünf Wochen. Ich verbesserte meine Englischkenntnisse, lernte neue Leute kennen und befasste mich mit den Eigenheiten von Melbourne. Meine Tante setzte mich immer in der Nähe des Stadtzentrums ab und ich fuhr jeden Morgen mit der Straßenbahn weiter, die mich zu meiner Arbeitsstelle brachte. Fünf Wochen nichts tun war nicht drin, ich musste etwas machen und fand tatsächlich ein Praktikum am Goethe-Institut. Klingt erst mal gut, war aber langweilig.

Ohne Auto geht in Australien gar nichts. Die öffentlichen Verkehrsmittel muss man nämlich erst mal erreichen. Die Straßenbahn fuhr während der Hauptverkehrszeit nur alle fünfzehn Minuten und war jedes Mal voll. Dafür waren die Menschen in und außerhalb der Straßenbahn ausgesprochen freundlich. Sie lächelten und erklärten mir wohlwollend den Weg, egal wen und um wie viel Uhr ich fragte. Den ganzen Tag über bekam ich Anrufe, abwechselnd von meiner Tante und meinem Onkel. Ich könnte ja in dem fremden Land verloren gehen. Dass ich bereits 27 war, jeden Tag denselben Weg zurücklegte und die Landessprache ganz gut beherrschte, spielte dabei nur eine bedingte Rolle.

Ich lernte einige junge Leute kennen und verbrachte mit ihnen die Abende. Wir besorgten uns etwas zu essen und zu trinken, guckten eine DVD oder spielten Karten. Ich lernte, wie man Poker spielt. Für meinen Geschmack war das tatsächlich eine sehr langweilige Variante, die Freizeit zu verbringen, so nett es auch immer war. Die Sensation dieser Abende waren stets meine Englischkenntnisse, sobald jemand Neues dazukam. »Your English is really good!« wurde mir immer wieder versichert. Na ja, mein Englisch war nicht so »good«, es war eben Schulenglisch aus dem Leistungskurs. Sensationell ist etwas anderes. Meine Kenntnisse verblüften die Australier dennoch, denn meine neuen Freunde erklärten mir, dass es dort keiner schaffe, eine Fremdsprache dermaßen gut zu beherrschen. In Australien hatte ich eine phänomenale Zeit, die mich geprägt hat. Ich habe so viel Neues gelernt, gesehen und erfahren. Ich war in einem anderen Land, weit weg von meinem eigentlichen Leben. Ich verstand, wie viel es einem bringt, andere Länder zu bereisen. Nun bereute ich einmal mehr, kein Auslandssemester gemacht zu haben und nahm mir deshalb vor, mich wenigstens in einer anderen Stadt als Frankfurt um den Referendariatsplatz zu bewerben, wenn ich schon die nächsten zwei Jahre an Deutschland gebunden war. Wenigstens ein bisschen über den Tellerrand schauen. Ich wusste wieder, was ich wollte.

»Ist unsere Klasse jetzt tot?«

Ich betrete pünktlich um 7.30 Uhr die Schule. Der Hausmeister baut sich vor mir auf. Auf die Begrüßung verzichtet er und fängt sofort an auf mich einzureden: »Was haben Sie sich dabei gedacht? Können Sie die Schüler nicht kontrollieren? Die Putzfrauen haben sich beschwert, die konnten den Raum gestern kaum betreten!«

Wenig später betrete ich das Zimmer und kriege meinen Mund nicht mehr zu. Ich habe es noch nie so verwüstet gesehen. Überall auf dem Boden liegt Papier. In verschiedenster Form. Bunt, weiß, ausgeschnitten, ganz, Konfetti aus dem Locher, beschriebene Blätter, Arbeitsblätter. Der Besen liegt mitten im Raum. Die Schaufel in einer Ecke. Im Tafelwassereimer schwimmen Schnipsel, Kaugummis und der Rest eines Apfels. Ich bin geschockt. Die Stühle sind überall im Raum verteilt. Ich fühle Wut in mir aufsteigen. Vor allem aber fühle ich mich verraten. Alles, woran ich gearbeitet habe, entgleitet mir gerade. Vertrauen, Verantwortung, Rücksicht, Respekt, Ordnung. Werte, an denen ich zusammen mit der Klasse so hart gearbeitet habe, erfolgreich, wie ich dachte.

Den Raum so zu verwüsten, ist das Eine. Aber alles genauso liegen zu lassen, geht gar nicht. Muss man denn immer kontrollieren, ob die Aufgaben erledigt werden? Ob jeder Platz nach dem Unterricht sauber verlassen wird? Ob der Ordnungsdienst seiner Aufgabe nachgegangen ist? Wobei man das Aufräumen dieses Saustalles vom Ordnungsdienst nun wirklich nicht verlangen kann. Verdammt!

Mein Kopf raucht. Ich brauche Superman. Mindestens. Oder die bezaubernde Jeannie oder Batman oder jeden anderen Superhelden, der mich aus dieser katastrophalen Situation befreit. Ich bin so sauer! Langsam trödeln die Schüler ein. Ich lasse sie alle einen Blick in den Raum werfen. Dann sollen sie vor der Tür warten. Ohne viel zu reden. Die Schüler versuchen, Schlimmeres zu verhindern. Sie scheinen geschockt zu sein, genauso wie ich. Als wäre diese Verwüstung aus dem Nichts gekommen! Erdbeben, Tsunami, Monsun.

»Frau Feynberg, ich räume das jetzt auf.«

»Nein.«

»Ist unsere Klasse jetzt tot?«

»Ja.«

Inzwischen ist fast die gesamte Klasse versammelt. Alle reden durcheinander und versuchen, mich zu besänftigen.

»Wir waren das nicht.«

»Sie sind übertrieben sauer, wa?«

»Welche Missgeburt war das?«

»Abouu, so sah unsere Klasse ja noch nie aus!«

Yunus nimmt den Besen und fängt an zu fegen. Die anderen staunen. Walmir fragt jede Minute, ob er aufräumen soll. Mittlerweile haben sich auch Schüler aus anderen Klassen versammelt. Jeder will sehen, warum Frau Feynberg vor der Klassentür Stellung hält und keinen in die Klasse lässt. Ein Mädchen aus der Siebten kommt auf mich zu.

»Frau Feynberg, können Sie mir bitte die Toilette aufschließen?«

Trotz der nett formulierten Frage muss ich ablehnen.

»Leider nein. Ich muss hier stehen bleiben und meine Schüler persönlich in Empfang nehmen.«

»Ich kann auch für Sie hier mit traurigem Gesicht stehen.«

»Nein!«

»Aber ich muss auf meine Haare im Spiegel gucken, ich kann doch nicht so in Unterricht gehen!«

Meine Gedanken überschlagen sich.

Die ganze Schule sollen sie putzen!

Tausendmal abschreiben: »Die Putzfrauen sind nicht meine Sklaven!«

Putzmittel aus der Klassenkasse bezahlen und die Klasse nach dem Unterricht putzen lassen!

Keine Lust mehr. Sollen sie sich doch selbst unterrichten und selbst Ausflüge und Klassenfahrten planen.

Eltern in die Klasse einladen und sie dieses Desaster sehen lassen.

Nachsitzen, vorsitzen und noch mal nachsitzen lassen.

Die 125. Moralpredigt halten.

Die ganze Schule und den Schulhof aufräumen lassen.

Irgendwie bin ich von keiner Idee so richtig überzeugt. Ist ja nicht so, dass es diese ganzen Maßnahmen nicht schon gegeben hätte. Ich fühle mich machtlos. Ich rede, rede und rede. Zum Glück habe ich Zeit bis zur fünften Stunde, mir einen Plan auszudenken.

Den ganzen Tag über spiele, nein, bin ich beleidigt. Keiner aus meiner Klasse, der mir über den Weg läuft, traut sich etwas zu sagen. Gut so. Ich spreche auch keinen an. Zum Glück sehen wir uns heute erst in der fünften Stunde. Bis dahin wird meine Laune aber nicht besser.

Ich komme in die Klasse, knalle mit der Tür und werfe meine Tasche hin. Alles echt, kein Funken Schauspiel. Die

Klasse ist sauber. Mein Angstverbreiten hat funktioniert. Sie haben aufgeräumt. Jeder steht auf seinem Platz. Still wie noch nie. Ich höre das Atmen der Kinder und das Summen der Lampe. Und ich lege los. Ich sage natürlich nicht alles, was ich mir vorher überlegt habe. Ich spreche das aus, was mir spontan in den Kopf kommt. Und werde immer lauter. Irgendwann schreie ich. Der Wahnsinn. Ich wusste nicht, dass ich schreien kann. Aber ich kann es eindeutig. Wahrscheinlich das zweite Mal in meinem Schulleben. Die Schüler sind baff. Gut so. Immer wieder versuchen sie, etwas zu sagen.

»Aber, Frau Feynberg …«

»Ich will nichts hören!«

Irgendwann habe ich alles gesagt, was ich sagen wollte.

»Aber Frau Feynberg, wir waren das gar nicht!«

»Was, kam die Putzfrau vorbei und hat alle Mülleimer noch mal mitten in der Klasse ausgeschüttet? Oder waren Frau Liebst und ich das? Haben wir uns vielleicht einen kleinen Scherz erlaubt?«

»Nein, aber ich schwör. Als wir gestern weggingen, sah es nicht so aus. Es sah nicht so gut aus. Aber nicht so!«

»Und warum sah es nicht so gut aus?«

»Ja, keine Ahnung … Aber danach … Jemand war drin.«

Ich bin mir ja auch sicher, dass es höchstens vier einzelne Schüler waren, die jetzt vor sich hin schweigen. Alle anderen haben den Raum tatsächlich zuletzt in einem sauberen Zustand gesehen. Mein Plan, zu bestrafen, schwindet immer mehr. In der Schule kann man einfach keine Pläne machen. Die ganze Klasse zu bestrafen, ist ungerecht. Über Sinn und Unsinn von Strafen lässt sich sowieso streiten. Die wahren Schuldigen kommen natürlich nicht ans Licht. Ich greife also zur üblichen Methode: reden. Aber diesmal nicht in Einzelansprachen, sondern mit allen. Sieh an, die Diskussionsregeln werden eingehalten. Es ist ein gutes Gespräch. Irgendwie auf Augenhöhe. Vom verdreckten Klassenzimmer führt es zu Schwänzen, Pünktlichkeit, schlechten Leistungen, Gewalt. Warum sie keine Verantwortung übernehmen, warum ihnen alles egal ist und warum sie keinen Wert auf einen vernünftigen Abschluss legen. Ich habe das Gefühl, dass die Moralpredigt diesmal anders verlaufen ist. Etwas effektiver. Ich bin zwar nicht zum Unterrichten gekommen, aber andere Dinge müssen eben auch geklärt werden. Danach wünschen wir uns ein schönes Wochenende. Ha! Ich habe es auch ohne Superman geschafft!

Vor dem Rausgehen fragt Melina:

»Wie? Keine Strafe?«

»Nö.«

»Ich liebe es, wenn Sie so nett sind. Sie sind zu nett.«

»Ich will jeden Einzelnen von euch zum Abschluss bringen! Das ist mein einziges Ziel, und nicht, irgendwelche Strafen zu verteilen. Aber ihr müsst schon ein bisschen mithelfen. Einfach so bekommt ihr das Zeugnis nicht.«

»Sie werden bestimmt weinen, wenn wir das Zeugnis bekommen.«

»Fatih hat eine Brille!«

Die MSA-Prüfungen stehen bevor. Mit dem mittleren Schulabschluss beginnt der Ernst des Lebens. Ich habe es zwar hauptsächlich mit meiner Neunten zu tun, unterrichte aber auch in den zehnten Klassen und bekomme einiges von der dortigen Stimmung mit. Die Schüler zählen langsam die Noten zusammen, um herauszufinden, ob der MSA erreicht werden kann und verbreiten trotz der Freude über das bevorstehende Ende der Schulzeit schlechte Stimmung. Oft hört man Sätze, die mit »Ah, hätte ich doch früher …« beginnen. Manchmal reicht es nur knapp nicht. Sie schleichen wie Schatten durch die Gänge, kraft- und lustlos. Nach dem Unterricht versammeln sie sich vor dem Schultor, um zu rauchen und über die Prüfungen und das vergangene Jahr zu diskutieren. Drama, Enttäuschungen und Freude auf einmal – besser als jede Folge einer Soapopera.

Auch an meiner Klasse geht nicht vorüber, dass da gerade was passiert. Die Schüler stellen mir noch mehr Fragen als sonst. Wie es denn so mit den Prüfungen sei, ob man viel lernen müsse, ob jeder zugelassen würde und was passiert, wenn man durchfällt.

Noch überwiegen allerdings ganz andere Probleme.

Ich komme in die Klasse und sehe aus dem Augenwinkel,

wie Fatih auf mich zukommt und sich dabei die ganze Zeit umschaut, als würde er verfolgt werden. Bei mir angekommen, flüstert er so leise, dass ich ihn kaum verstehen kann: »Frau Feynberg. Ich muss mit Sie reden, können Sie mit mir rausgehen? Kurz. Aber sagen Sie nicht, ist geheim.«

Ich gehe also mit Fatih vor die Tür.

»Sie wissen doch, ich sehe so schlecht.«

»Klar, weiß ich das. Du kannst ja kaum aus der ersten Reihe das Tafelbild erkennen. Und seitdem ich das weiß, warte ich auf den Anblick einer Brille auf deiner Nase!«

»Frau Feynberg ... ich habe jetzt eine. Megahässlich.«

»Fatih, das ist ja toll! Dann zieh sie mal schnell auf. Endlich wirst du sehen können, was vorne passiert!«

»Frau Feynberg! Sie verstehen ja gaaar nix! Die ist hässlich und wenn ich die anziehe, bin ich auch hässlich. Und alle lachen. Lieber sehe ich nix!«

»Kommt gar nicht infrage. Ich habe auch eine Brille. Can und Mandy auch. Und die beiden tragen sie die ganze Zeit! Du brauchst sie nur für den Unterricht. Wir gehen jetzt rein und irgendwann ziehst du die Brille auf. Dich wird doch keiner beachten!«

Ich beginne den Unterricht. Fatih braucht bestimmt gute zehn Minuten, um seine Brille auszupacken. Kaum hat er das geschafft, beginnt das Gelächter.

»Ahhhh, Fatih hat eine Brille! IIhhhhhh!«, kommt von allen Seiten. Ich habe den Eindruck, dass die Schüler die Neuerung gar nicht als hässlich empfinden, sondern Fatih schlicht und einfach ärgern wollen. Die Brille ist ein willkommener Grund.

Fatih wird knallrot, behält aber die Brille auf.

»Hey, hey, ich bin auch Brillenträgerin! Möchtet ihr auch auf mich mit dem Finger zeigen und ›ihhhh‹ rufen?«

»Sie sind doch ohne Brille!«

»Ja, weil ich heute Kontaktlinsen trage. Aber falls du dich erinnern kannst, hatte ich auch schon einige Male meine Brille in der Schule auf. Und ich kann euch sagen, es ist ganz schön blöd, nichts zu sehen! Hört mit euren dämlichen Kommentaren auf, sonst wird Fatih nie seine Brille tragen und dementsprechend weiterhin schlecht sehen!«

Jetzt verstummen alle. Can meldet sich.

»Was kosten Kontaktlinsen? Ich will auch!«

»Das kann ich dir gar nicht genau sagen, weil es ganz viele verschiedene gibt.«

Tuncer hat wohl eine Erleuchtung und erinnert sich plötzlich an seine Lehrerin mit Brille: »Ey, Frau Feynberg, immer wenn Sie Brille haben, sind Sie schlecht gelaunt!«

»Oglum, was redest du? Sie ist wegen uns schlecht gelaunt! Frau Feynberg, ich hab noch eine Frage.«

»Ja, Can?«

»Wie viel kosten Kontaktlinsen?«

»Ich kann dir die Frage immer noch nicht beantworten, weil du höchstwahrscheinlich andere brauchst als ich.«

»Man, können Sie nicht ungefähr sagen?«

»Nein! Du kannst ja im Internet gucken.«

»Mano.«

Can verschränkt seine Arme vor der Brust und scheint schwer beleidigt zu sein.

Plötzlich springt Abdul auf, läuft zu Fatih, reißt ihm die Brille vom Gesicht und setzt sie sich selbst auf.

»Wallah Juuunge, du bist ja übertrieben blind! Hast minus 1300 oder was?«

Fatih ist immer noch rot wie eine Tomate und traut sich kaum, die Klasse anzuschauen. Die Brille holt er sich aber zurück und setzt sie wieder auf.

»Dann haben wir das ja geklärt und können zu den Hausaufgaben kommen.«

»Frau Feynberg, was kosten Kontaktlinsen?«

Tja. Die einen machen sich Sorgen, wie sie bei den MSA-Prüfungen abgeschnitten haben und die anderen darum, wie sie mit einer Brille vor die Klasse treten sollen. Zum Glück sind wir jetzt vier ganze Tage sorgenlos. Es leben die Brückentage!

»Bombe geben und stabil bleiben«

»Aller Frau Feynberg, ich hab kein Bock mehr auf Schule! Ich wäre sooo gerne Chuck Norris, bei dem ist jeden Tag Wochenende!«

Anscheinend kennt nicht jeder die Chuck-Norris-Witze. Isabel fragt ganz verwundert: »Wer ist denn Chuck Norris? Dein Hund oder was?«

Önder lacht hysterisch. »Aller Mädchen, bist du irgendwie behindert? Kennst du Chuck Norris nicht?«

Isabel ist fassungslos. Wahrscheinlich bereut sie schon, Önder überhaupt angesprochen zu haben.

»Nein …«

»Aaaaallller, der ist so ein harter Mann. Ich schwör, der hat bestimmt Privatlehrer und muss nicht zu diese Scheißschule gehen!«

Isabel hat noch nicht aufgegeben: »Ist er so … braun?«

Önder rollt mit den Augen. »Nein man. Der ist Käse. Übler Käse. Kauf dir bisschen Gehirn, Mädchen!«

Jetzt schaltet sich Efkan ein: »Ich hab gestern bei Galileo gesehen, man muss gar nicht schlafen. Man kann auch nur sein Gehirn ausruhen!«

»Wallah? Schwör ma auf Koran? Das kannst du gar nicht, Gehirn ausschalten!«

»Klar! Wetten um hundert Euro?«

»Ja, lass ma. Wie willst du das machen, du Elender?«

»Wenn ich in Film oder in Counter Strike schaue, dann kann ich das!«

»Schluss jetzt, Leute! Wir versuchen jetzt trotz Chuck Norris wenigstens ein bisschen Unterricht zu machen! Fangen wir mal mit der Hausaufgabe an. Wer möchte?«

Stille. Und zahlreiche Köpfe, die nach unten schauen.

»Haltet doch mal alle das Arbeitsblatt hoch.«

Ich sehe schon: »Nafisa, warum hast du die Hausaufgabe nicht gemacht?«

»Ich wollt, aber ich kann nicht malen ...«

»Du sollst doch keine Picasso-Kunstwerke produzieren, sondern nur Balken ausmalen! Das kann jedes Kind!«

»Ja, ich wollt ja, dass meine kleine Schwester das macht. Aber die wollte nicht, die dumme ...«

»Justin, wo ist dein Hefter?«

»Hab nicht.«

»Das beantwortet nicht meine Frage ...«

»Ich wollte mitnehmen. Dann habe ich vergessen, dann wollte ich zurückgehen nach Hause. Aber wenn ich den mitgenommen hätte, wäre mein Bus weggefahren. Was wollen Sie lieber? Ordner oder Pünktlichkeit?«

»Beides! Pack doch mal abends deine Tasche!«

»Keine Zeit ...«

»Abdul, was ist mit deiner Hausaufgabe passiert? Lass mich raten, du hast sie gemacht, aber ihr habt sie verbrannt, um die Wohnung heizen zu können?«

Abdul guckt mich total verdattert an.

»Wallah, immer ich! Wieso gucken Sie denn immer mich an! Ich hab gar kein Blatt bekommen!«

»Ich habe dir gestern persönlich das Blatt in die Hand gedrückt!«

»Gar nicht.«

Jannes lenkt ab: »Wenn es Zeugnisse gibt, haben wir doch nur kurz Unterricht, oder?«

»Ja.«

»Wallah, geil. Ich komm in Jogging.«

»Nein man, lass ma Fliege und Lackschuhe anziehen.«

Jannes ist von seiner Idee begeistert.

»Ich glaube kaum, dass du was zu Feiern haben wirst, wenn du dein Zeugnis siehst. Anzug passt also nicht ganz. Jetzt mal Themawechsel. Jeder nimmt das Arbeitsblatt und schreibt auf, was ihm zu Konflikte lösen einfällt.« Das Thema kann man nicht oft genug besprechen.

»Also ich würde diskutieren und eine Lösung suchen«, sagt Murat.

Toll! Bravo! Konflikte mit Worten lösen!

»Ich schwör, warum diskutieren? Gleich Bombe geben und dann ist der ruhig! Bombe geben und stabil bleiben.«

Entschuldigung, was genau heißt stabil bleiben? O.k., ich muss das Thema vertiefen. Ich erkläre der Klasse, wie eine Ichbotschaft funktioniert. Also: Ich sage, wie ich mich fühle, warum das so ist und was ich von meinem Gegenüber in Zukunft erwarte. Wir üben das fast die ganze Stunde.

»Folgende Situation. Du kannst deine Jacke nicht finden und musst ohne in die Pause gehen. Drei Mitschüler lachen dich aus und bezeichnen dich als Lügner. Gestern warst du ja noch erkältet und heute läufst du schon ohne Jacke rum? Fatih, bilde eine Ichbotschaft, passend zur Situation!«

»Ich sag dann: Ich fick dich, du kleine Missgeburt! Ist doch mit ›ich‹.«

Er meint es todernst. Im wahrsten Sinne des Wortes. Ich verzweifele. Jungs, könnt ihr eure unbegründete Aggressivität nicht einfach wegschmeißen? Ich würde am liebsten allen ein Antiaggressionstraining verschreiben. Ah ja, und wenn ich schon bei einer Wunschliste bin … ich wünsche mir mehr Sozialarbeiter an der Schule. Wir haben nur einen. Der Arme ist allein für alle Klassenstufen verantwortlich.

»Ey, Frau Feynberg, sie guckt mich an! Mit ihrer Pupille! Gülcan, hör auf, mich anzugucken! Du nervst übertrieben.«

Eigentlich bin ich schon bedient. Aber nein, Abdul muss auch noch auf sich aufmerksam machen: »Ey, Frau Feynberg, ich werde Sie gleich so übertrieben dissen!«

»Mach mal.«

»Haben Sie ein Foto für mich?«

»Wieso brauchst du ein Foto von mir? Verehrst du mich so sehr, dass du mein Foto einrahmen und über dein Bett hängen willst?«

»Nein Frau Feynberg, ich sammle Naturkatastrophen!«

»Gibt's dich auch in witzig?«

»1:0 für Frau Feynberg. Sie hat dein Leben gefickt.«

»Ey, wieso dissen Sie mich so?«

»Ich habe einen jüngeren Bruder, der aber älter ist als du. Der kannte die Sprüche, da warst du noch nicht geboren!«

»Uhhh, 2:0 für Frau Feynberg! Was geht denn mit Ihnen heute? Mit so Sprüchen können Sie auch Rapper werden!«

Abdul ist überfragt: »Hä, wie jetzt? Jünger oder älter, ihr Bruder?«

»Vergiss es!«

»Ich kenne noch einen, den kennen Sie nicht. Darf ich den bitte erzählen? Bitte!« Ich habe ein schlechtes Gewissen wegen vorhin. Er darf.

»Hat Ihr Vater einen Schnurrbart?«

»Nö.«

»Dann habe ich im Supermarkt doch ihre Mutter gesehen.«

O. k., der war nicht schlecht. Man muss auch lachen können.

»Und was ist, wenn ich gesagt hätte, mein Vater hat einen Bart?«

»Jaaa … dann nix.«

Bootcamp für werdende Lehrer

Ich brauchte einen Tapetenwechsel und wählte für den zweiten Teil der Lehrerausbildung Berlin. Ich wollte schon immer dorthin und eine Großstadt erleben, wie ich das bisher nur aus Moskau kannte. Breite Straßen, große Bauten, Abwechslung und Kultur. Eine multikulturelle und aufregende Großstadt, in der das Leben pulsiert, in der alles echt und nicht aufgesetzt ist und in der einem nie langweilig wird, weil die Stadt genug Abwechslung bietet.

Ich ging nach Berlin und begann mit dem Referendariat. All die schrecklichen Geschichten über »Trau-dich-nie-nachts-alleine-nach-Neukölln-und-hoffentlich-musst-du-nicht-in-diesem-Bezirk-unterrichten« oder »Berlin-ist-arm-und-du-wirst-da-nicht-verbeamtet« haben mich nicht abschrecken können. Ich dachte mir nur: Das sind zwei Jahre, in denen du das Leben in dieser Stadt ausprobieren kannst. Wenn es dir nicht gefällt, kannst du nach der Ausbildung wieder gehen. Ich kam, verliebte mich in Berlin und blieb. Schüler sind in jeder Großstadt gleich, sage ich mir, und sie können nichts für die Umstände, unter denen sie groß werden.

Für mich war das Referendariat eine furchtbare Zeit. Die Lehrerausbildung wird immer wieder in den Medien kritisiert, sie bereite die zukünftigen Pädagogen zu wenig auf den zukünftigen Beruf vor. Stimmt genau, ich kann das nur bestätigen. Weder in der Uni noch im Referendariat lernt man das wirklich Notwendige für unseren Berufsalltag.

Wir sollten lernen, wie man eine perfekte 45-Minuten-Stunde plant und durchführt. Mit Einführung, Erarbeitung und Auswertung. Wenn man richtig gut war, hat man noch eine Transferphase eingebaut – für die guten Schüler, damit diese sich bloß nicht unterfordert fühlen. Nur schade, dass man heute nicht mehr dazu kommt, 45 Minuten lang zu unterrichten und stattdessen andere Probleme wie Disziplinschwierigkeiten, Schwänzen und Schulmüdigkeit im Zentrum stehen. Wie man mit diesen Problemen umgeht, haben wir im Referendariat nicht gelernt.

Was passiert, wenn man die Prüfung nicht besteht? Lehrer kann man an einer öffentlichen Schule nicht mehr werden, höchstens als Aushilfskraft arbeiten. Direkt vor mir sind drei Mitreferendare durchgefallen. Die Leute, die bei der zweiten Prüfung durchfallen, haben ein Riesenproblem. Sie investierten fünf Jahre in die Uni und weitere zwei in das Referendariat. Wie hart, wenn man nach sieben Jahren Ausbildung gesagt bekommt: »Leider sind Sie für den Lehrerberuf nicht geeignet.« In manchen Fällen wird es wohl stimmen. Aber es muss doch eigentlich möglich sein, es vorher zu erfahren. Durch Eignungstests, Praktika oder Ähnliches. Klar, man macht Praktika während des Studiums. Doch meistens darf man in diesen zu wenig selbst machen, um über die pädagogische Eignung urteilen zu können, und zu kurz sind die Praktika auch noch.

Vor jeder Vorführstunde kam das große Zittern. Während der Stunde saßen die Seminarleiter mit einem Pokerface hinten und schrieben jede Kleinigkeit auf. Was hat der Referendar wann gesagt, welche Bewegung machte er, wurde das Stundenziel erreicht, wie war der Umgang mit den Schülern, wurden die richtigen Impulse gegeben, das Lehrerecho vermieden, also niemals die Antworten der Jugendlichen wiederholt, die Meldekette ausprobiert? Manchmal liefen sie auch rum und schauten sich die Ordner der Schüler an, um zu erfahren, mit welchem Material die Schüler auf diese Stunde vorbereitet wurden. Wurde die Quelle auf dem Arbeitsblatt angegeben, passt das Bild zum Text? Jedes Arbeitsblatt der Unterrichtseinheit muss stimmen. Natürlich hängt man in solch einer Situation auch von dem Verhalten der Klasse ab. Man instruiert die Schüler vorher, bittet um Mitarbeit und gutes Benehmen und erklärt ihnen, wie wichtig der heutige Besuch für einen ist. Schüler können einem richtig in den Rücken fallen. Auch hier hatte ich Glück. Ich erklärte meinen Schülern stets vorher den Ernst der Lage und bat sie, mitzumachen, brav zu sein und nicht negativ aufzufallen. Es hat geklappt. Sie waren Zucker. Bei jedem einzelnen Unterrichtsbesuch.

Ich finde sowieso, dass Seminarleiter ein ganz eigener Schlag sind. Wenn ich auch von vielen nicht wahnsinnig viel halte, hatte ich selbst doch eine großartige Seminarleiterin, die mir viel Nützliches beigebracht hat.

Da man während des Referendariats von drei Seminarleitern betreut wird, durfte ich auch das Gegenteil erleben. Wenn sie von ihrem Unterricht erzählten, klang alles super. Die Stunden würden wie am Schnürchen laufen, jede Methode perfekt sitzen. Tatsächlich kamen wir in den Genuss, ein paar der Stunden zu sehen. Allerdings lief da gar nichts. Die Ausrede war: »Ja, wissen Sie, ich habe ja auch ganz schwierige Klassen!« Entschuldigung, wir nicht oder was?

Auch nach den Vorführstunden der Seminarleiter gab es eine Auswertung. Leider durfte man hier nicht ehrlich sein und nicht offen kritisieren. Demokratie? Freie Meinungsäußerung? Fehlanzeige. Also wurde endlos und ekelhaft geschleimt. Zweifel oder Kritik an der Arbeit dieser Seminarleiterin waren ein No-Go. Sie war unantastbar. Leider habe ich es immer wieder versucht, quasi für Gerechtigkeit gekämpft. Als Dank für meine Bitte nach einer sachlichen Auswertung habe ich eine schlechte Vornote bekommen.

Bei der Analyse unserer Stunden lautete das Ziel, dem Referendar möglichst alles aufzuzeigen, was er falsch gemacht hat. Zu viel Lob verdirbt den Menschen. Am liebsten noch mit dem Satz verknüpft: »Überlegen Sie sich doch, ob es wirklich die richtige Berufswahl für Sie ist.« Mir wurde jedes Mal gnadenlos gesagt, was ich alles nicht richtig gemacht hatte. Oftmals waren diese Auswertungen durch und durch persönlich und nicht selten habe ich – spätestens als die Seminarleiter außer Reichweite waren – Rotz und Wasser geheult und an meinem einzigen Berufswunsch gezweifelt. Es gab auch die Möglichkeit, sich einen Besuch zu sparen und zwei Seminarleiter auf einmal einzuladen. Aber das war eine schlechte Idee. Denn dann begannen Machtspielchen zwischen den beiden. Auf Kosten des Referendars wurde ausprobiert, wer in der Stunde mehr schlechte Sachen erkennen konnte. Die Seminarleiter schmeichelten einander, gaben sich gegenseitig Recht und der Referendar wurde immer kleiner.

Sie erklärten einem eigentlich erwachsenen Menschen mit einem abgeschlossenen Studium, dass er keine Ahnung vom Leben hätte. Meine Zweifel am Bestehen der zweiten Staatsprüfung wurden immer größer.

Obwohl ich unheimlich aufgeregt war und die Nacht vorher kaum geschlafen hatte, verlief meine Prüfung ziemlich problemlos. Meine Schüler waren die Besten, die man sich für eine Prüfungssituation wünschen kann. Ich war stolz wie Oskar und dankbar für das, was sie mir an dem Tag zurückgaben. Mir gelang es, zwei »gute« Stunden abzuliefern. Ich verstehe bis heute nicht, wie dieses »gut« zustande kam. Ich weiß, das ist Meckern auf hohem Niveau, das »gut« zeigt aber die Willkür dieser Prüfung. Es waren die perfekten Stunden, zahlreiche Schüler haben zu dem Thema ihre Meinung von Anfang der Stunde revidiert, aufgrund dessen, was sie während der Stunde erfahren haben. Das ist die höchste Leistung, die man von einem Schüler erwarten kann. Er hat eine Meinung, nimmt Informationen auf und gewichtet die Argumente. Entweder er bleibt bei seiner Meinung oder aber bildet eine neue und begründet diese. Genau das ist in meiner Prüfung passiert. Trotzdem war es »nur« eine Zwei, weil eine Eins nahezu nie vergeben wurde. Ich habe mich nur kurz geärgert, denn ich war nun vollwertige Lehrerin. Am nächsten Tag feierte ich das Ereignis mit meinen Schülern und wurde noch glücklicher, als meine Prüfungsklasse mir offenbarte: »Herzlichen Glückwunsch, Frau Feynberg! Wir freuen uns sehr für Sie!« Der größte Dank, den man in dem Beruf bekommen kann, sind solche Momente.

»Kann man Ausbildung als Zuhälter machen?«

Besuch ist toll, Besuch ist Abwechslung und von Besuch kann man viel lernen. Gerade am Ende eines Schuljahres, wenn keiner mehr so richtig will. Der heutige Besuch macht uns eindeutig Freude.

Frau Tannenzweig und ich warten schon im Klassenraum. Die ersten Schüler trödeln ganz langsam ein. Zuerst die Jungs, dann die Mädchen. Die Letzteren brauchen nach dem Sport etwas länger, wohl um sich hübsch zu machen und jede Minute zu nutzen, bis sie aus der Umkleidekabine rausgeschmissen werden. Gut aussehen zählt, nicht Pünktlichkeit.

»Mir ist übertrieben heiß, können wir nicht Hitzefrei machen?«

Mein Blick verrät die Antwort, sodass Yunus ohne ein weiteres Wort zu seinem Platz geht.

»Wie ich schwitze, dann setze ich mich ans Fenster.«

Umut sieht so aus, als wäre er gerade kilometerweit gelaufen. Dann bemerkt er unseren Besuch.

»Wer sind Sie denn?«

»Das verraten wir gleich. Setzt euch erst mal hin und packt eure Ordner aus.«

Frau Tannenzweig ist eine gute Freundin von mir, die sich bestens mit den momentanen Begebenheiten des Arbeitsmarktes auskennt und bereits unzählige Bewerbungsgespräche geführt hat. Vielleicht glauben die Schüler ja ihr, dass gute Noten, Pünktlichkeit und andere Dinge wichtig sind, wenn man einen Ausbildungsplatz bekommen möchte. Ich bin Lehrerin und deshalb unglaubwürdig.

»Frau Feynberg, woher kennst du diese Frau? Woher kennt ihr euch? Ich meine Sie. Woher kennen Sie euch? Ähmmm …«

»Haben Sie Facebook, Frau Tannenzweig? Kann ich Sie da adden? Vielleicht können Sie mir dann einen miesen Ausbildungsplatz besorgen? Dann haben wir Connections.« Tuncer zwinkert Frau Tannenzweig zu, aber sie bleibt unbeeindruckt. Professionell eben.

»Haben Sie für Frau Feynberg Arbeit besorgt? Ich kann Sie auch viel besorgen! Brauchen Sie Reifen für Ihre Auto, für guten Preis? Ich mache Special-Preis.«

»Jetzt lasst die Dame erst mal erzählen und dann könnt ihr alle Fragen stellen.«

»Alle Fragen? Auch mit Liebe? Haben Sie einen Freund, Frau Tannenbaum … Wie heißen Sie noch mal?«

Die Frage wird überhört und Frau Tannenzweig erzählt. Von den vielen Arbeitslosen, von den wenigen Ausbildungsplätzen und von den hohen Ansprüchen in der Arbeitswelt. Von Zuverlässigkeit, Teamfähigkeit und Pünktlichkeit. Die Schüler nicken, seufzen und wundern sich. Der eine oder andere nimmt sich auf der Stelle vor, sich zu bessern. Emre möchte es genauer wissen: »Also ich will ja Richter werden. Braucht man Mathe dafür? Und welche Note in Englisch? Was ist, wenn ich mal zu spät komme? Und wenn ich es mir doch anders überlege? Und wenn ich ganz schlechte Noten habe oder viele Fehltage oder auch Verspätungen. Ist schlimm?«

»In jedem Beruf musst du pünktlich kommen, möglichst wenig fehlen und dich bei Krankheit rechtzeitig abmelden.«

»Was verdient denn ein Richter?«

»Hmmm, unterschiedlich – je nach Bundesland. Aber es sind bestimmt mindestens 3000 Euro.«

»Wallah? Sooo viel? Ich werd Richter! Wie mach ich das?«

»Erst mal brauchst du Abitur.«

»Scheißendreck.«

»Es folgt ein langes, ziemlich schwieriges Studium.«

»Was das? Studieren?«

»Genau. Nach den fünf Jahren Studium musst du viele Klausuren schreiben und manchmal auch noch eine mündliche Prüfung ablegen. Du wirst also sehr viel lernen müssen.«

»Oh. Aber dann fertig?«

»Nein. Dann arbeitest du zwei Jahre unter Anleitung, lernst dabei und legst nach diesen zwei Jahren noch eine Prüfung ab. Nur wenn deine Noten richtig gut sind, darfst du Richter werden.«

»Wallah, wieso übertreiben die so? Ich werd doch kein Richter. Rapper ist übertrieben cool. Richter, aller … wer braucht die?«

Unser Besuch beantwortet geduldig alle Fragen und die Schüler benehmen sich wirklich vorbildlich. Bis auf Zamir und Yunus. Die sitzen in der letzten Reihe und spielen Lehrerbingo, hören aber sofort auf, als sie ermahnt werden. Ach ja, und bis auf Betül, die als Letzte in die Klasse kam – schön gestylt. Mitten in die Erzählung von Frau Tannenzweig fragt sie:

»Frau Feynberg, darf ich Klo gehen?«

»Nö.«

»Biiiiiitte! Dringend!«

»Nö. Wir sind doch gerade mitten in der Stunde und Frau Tannenzweig ist extra für euch gekommen!«

»Oh man …«

Frau Tannenzweig lässt sich nicht stören und beantwortet weiter äußerst spannende Fragen.

»Kann man Ausbildung als Zuhälter machen?«

»Wird schwierig, Tuncer.«

»Wieso? Ist doch ein Ausbildungsberuf! Man lernt mit Frauen umzugehen, Geld zu zählen ... Geiles Auto. Voll gechillt. Oder Strip-Club. Geht Strip-Club? Miesester Job, ich schwöre! Immer so Frauen und so ... Wie die da tanzen ... Aber ist hier illegal, wa? Dann gehe ich weg aus Europa, vielleicht Kroatien oder so!«

Murat springt auf und zeigt mit dem Finger auf Umut. »Frau Feynberg, ist Küche guter Job? Ich will ihm beweisen, Küche ist kein guter Job!«

»Fangen wir damit an, dass Küche kein Beruf, sondern ein Betrieb ist, der sich eigentlich Restaurant nennt. Du meinst den Koch.«

»Ja, meine ich auch. Er will Jobcenter.«

Das lässt sich Umut natürlich nicht gefallen:

»Was Jobcenter, ich schwör, ich brech dir dein Kopf! Verpiss dich aus meinem Blickwinkel!«

Die Diskussion entwickelt sich zum Gruppengeschrei. Dabei hat alles so zivilisiert angefangen! Aber zum Jobcenter hat jeder etwas zu sagen. Murat sitzt ganz vorne. Trotz der Lautstärke von gefühlten 100 000 Dezibel kann ich ihn gut verstehen.

»Voll geil, wir sind unbesiegbar im Lautsein.«

Ich schaffe es, die Stunde wieder zum eigentlichen Thema »mein Berufswunsch« und zu unserem Gast zu lenken.

Doch die nächste Frage schafft mich endgültig.

»Frau Feynberg, haben Sie studiert?«

»Natürlich!«

»Cüüüüs, mies schlau und so?«

Die Jahresauswertung

Bin ich fertig! Und so müde. Spätestens als ich um acht Uhr abends im Supermarkt einkaufe und der Kassiererin ›guten Morgen‹ wünsche, ist klar: Wie schön, dass wir jetzt Ferien haben! Und wie nötig ich sie jetzt habe. Die Zeit seit den letzten Ferien war aber auch echt … ähm … sagen wir mal intensiv. Im vergangenen Schuljahr ist unfassbar viel passiert. Hier meine persönliche Statistik:

- 36 Elterngespräche in der Schule geführt
- Dabei drei Schüler zum Weinen gebracht
- Jede Woche von Montag bis Donnerstag Telefonate mit Eltern geführt
- Drei Schüler beim Schwänzen erwischt; viele andere wahrscheinlich nicht
- 125 Streitereien geschlichtet; viele weitere entweder nicht mitbekommen oder Versöhnung ausgeschlossen
- Zwei Lehrer haben nach der Schule Kratzer an ihren Autos entdeckt
- 14 Mal nach- und 16 Mal mit den Schülern vorgesessen
- Fast 600 Tests korrigiert
- 35 Mal »Masha'Allah« und »Alhamdulillah« gehört, als Antwort auf die Frage, ob es denn jetzt in der Schule besser laufen wird

- Vier große Schlägereien miterlebt; nie getraut, dazwischenzugehen; zahlreiche kleine auseinandergenommen
- Unterrichtszeit brutto: 45 Minuten. Netto: Höchstens 35 Minuten. Jedem Schüler ein paar Mal erklärt, dass ich ihn oder sie auf keinen Fall auf meiner privaten Facebook-Seite als Freund/in annehmen werde
- Vier gefälschte Unterschriften »aufgedeckt«
- Einmal die Woche Gülcan mit Betül verwechselt
- Siebenmal mit dem Jugendamt und fünfmal mit der Schulpsychologin, zweimal mit der Polizei kommuniziert
- Jeden Freitag aufs Wochenende gefreut
- Hundertmal beleidigte Schüler beruhigt und ihnen erklärt, dass man es nicht auf sie »abgesehen« hat
- Jede Woche mindestens zweimal »Deine-Mudda-Gespräche« geführt
- Zwei coole Sprüche pro Woche gelernt
- 20 Mal gesagt, dass wir keine Spielstunde machen können; nein, auch heute nicht
- Weitere 20 Mal überlegt, den Job hinzuschmeißen
- Jeden Tag im Büro des Sozialarbeiters Informationen und diverse Ratschläge eingeholt
- 48 Mal darauf hingewiesen, dass es noch zu früh für Hitzefrei ist
- Geschätzte tausendmal dem Nervenzusammenbruch nah gewesen
- Vierzig »geklaute« Bücher und 32 »geklaute« Taschenrechner wiedergefunden – Überraschung
- Jeden Tag betont, dass Noten für die Bewerbung wichtig sind und Schüler mit vielen Verspätungen und unentschuldigten Tagen keine Chance auf dem Arbeitsmarkt haben

- Zwölf Beleidigungen gehört, die ich noch nicht kannte. (Kürzlich bei Facebook gelesen: Der moderne Satzbau: »Subjekt – Prädikat – Beleidigung – Alter«)
- Jeden zweiten Tag über die Wahl meines Jobs gefreut
- Dreimal aus meinem Leben erzählt, immer mit einem pädagogischen Hintergrund
- Jeden Tag wegen fehlender Hausaufgaben geschimpft und mich gefragt, wie die Schüler den Abschluss schaffen wollen
- Vier neue Ausdrücke auf Türkisch und drei auf Arabisch gelernt
- Ungefähr elfmal die Stimme erhoben
- An 135 Tagen darüber diskutiert, warum man in der Schule Papier und Stifte braucht
- Mich jeden Morgen gefreut, zur Arbeit zu fahren; außer an zwei Montagen, beide nach Wochenenden mit sehr wenig Schlaf
- Jeden Tag gelacht
- Jeden Tag gedacht: Heute habe ich etwas bewegt.

Herausspaziert aus meiner Welt

Vor fünf Jahren begann meine Lehrerkarriere. Es waren sehr turbulente Jahre. Kaum zu glauben, dass seit dem ersten Arbeitstag so wenig Zeit vergangen ist, denn es kommt mir vor, als würde ich schon mindestens 15 Jahre an der Schule arbeiten. Vorher hatte ich keine Ahnung, dass das alles, was ich im Zusammenhang mit meinem Beruf höre, sehe und erfahre, überhaupt existiert. Denn auch während ich behütet in meiner Welt hin und her spazierte, ohne über den Zaun zu gucken, passierten all diese Dinge da draußen, weit weg von mir. Mittlerweile passieren sie direkt vor meiner Nase.

Sehr deutlich. Inzwischen gehöre ich im Lehrerzimmer zu den »Alten«. Ich kenne den Weg bis zur Strafversetzung in eine andere Schule, das Erstellen von Förderplänen, alle möglichen Sanktionen mit und ohne Schulgesetz, Schulversäumnisanzeigen, Familiengerichte, die zuständigen Jugendamtsmitarbeiter von A bis Z, die Polizisten vom zuständigen Abschnitt und die Schulpsychologin. Und ich könnte allein über Elternarbeit ein Buch schreiben.

Ich habe gelernt, für mich Selbstverständliches zu schätzen. Geregelte Familienverhältnisse, Anteilnahme, Interesse für Bildung. Da draußen gibt es auch eine Welt voller Gleichgültigkeit, Gewalt, Hass, Desinteresse, Schuldistanz, Bildungsferne und Vernachlässigung.

All das ist unabhängig von der Herkunft, unabhängig vom Pass, unabhängig davon, ob der Name unaussprechlich ist oder nicht. Natürlich ist es schlimm, wenn man bereits zwanzig Jahre in Deutschland lebt und immer noch kein Deutsch spricht und sein Kind überall zum Übersetzen mitnimmt. Natürlich ist es schlimm, wenn man seine Töchter nur für Kinder und Küche verplant, wie die eigene Kultur es verlangt, und Bildung vernachlässigt. Genauso schlimm ist es aber, wenn man keinen Migrationshintergrund hat und keinen Wert auf Bildung legt, nachlässige Entschuldigungszettel abgibt und sich nicht daran stört, dass auch die nächste Generation innerhalb der Familie von staatlicher Hilfe leben wird.

In dieser Welt befinden sich viele meiner Schüler. Ohne etwas für die Umstände zu können, in denen sie aufwachsen. Oftmals sind sie orientierungslos. Es gibt niemanden, der ihnen den Weg weist, ihnen Liebe spendet oder vorlebt, dass das Anstrengen der Gehirnzellen etwas wert ist. Sie wachsen bei überforderten, machtlosen, verzweifelten Eltern auf. Eltern, die die Erziehung an die Schule abtreten, die zu viel arbeiten, gar nicht arbeiten oder das immer nachts tun, die schreien, die gar nicht reagieren, oder schlagen. Schüler verweigern sich nicht einfach so. Warum stört er, warum schlägt er, warum sagt sie nie ein Wort, warum bricht sie jeden zweiten Tag in Tränen aus, warum haben so viele keinen Respekt? Dicke Akten, zahlreiche Protokolle, diverse Verordnungen, lange Gespräche, zerbrechliche Lösungsansätze, keine Ressourcen. Es gibt viele Probleme, schließlich hat jedes Verhalten einen Grund. Manches können wir in der Schule erreichen, anderes nicht mal annähernd.

Ich bin nicht nur für Fachwissen zuständig, sondern auch für das Vermitteln des Stoffs von »Wie-werde-ich-zivilisiert-undkomme-außerhalb-der-Schule-zurecht?«. Ich bringe den Jugendlichen bei, wie man grüßt, wie man sich verabschiedet, wie man höflich miteinander umgeht, sich im Krankheitsfall abmeldet, pünktlich und zuverlässig wird, Verantwortung übernimmt und vieles andere, was ihnen sonst keiner beibringt. Ich erziehe. Und ich bilde nebenbei.

Das Wichtigste ist wahrscheinlich, dass ich an meine Schüler glaube. An jeden Einzelnen, denn jeder von ihnen kann etwas richtig gut. Vielleicht ist es nicht Mathe, Deutsch oder Englisch. Vielleicht ist es handwerkliches Geschick, der Umgang mit älteren Menschen oder mit Kindern, Kreativität oder auch Computerkenntnisse. Nicht jeder muss Akademiker sein, wir brauchen auch Friseure, Mechatroniker, Altenpfleger und Erzieher. In diesen Jugendlichen steckt so viel Potenzial, das man entdecken und dann fördern muss. So individuell wie nötig, mit so viel Beziehungsarbeit wie möglich. Eine Schulstunde darf keine Massenveranstaltung mit dem Ziel sein, so viel Geld wie möglich zu sparen. Bildung muss Geld kosten dürfen. Wir brauchen Bücher, buntes Papier, Filzstifte, Geld für außerschulische Lernorte, Plakate, Lernsoftware, Material zum Anfassen. Wir müssen diese Kinder begeistern, müssen sie erreichen.

Für die vielen Probleme und Hilfeschreie sind wir ziemlich wenige Lehrer, wenige Sonderpädagogen, wenige Sozialarbeiter. Ich bin allein für 26 Schülerinnen und Schüler verantwortlich. Ich werde die Welt nicht retten, aber ich kann zuhören, empfehlen, loben. Diese Kinder und Jugendlichen brauchen Erfolgserlebnisse und Zuspruch, eine klare Richtung und Struktur. Sie brauchen Streicheleinheiten und Verständnis, müssen Selbstwertgefühl vermittelt bekommen. Das hört sich alles sehr idealistisch an. Ich wünschte, ich könnte jeden Tag ein Knöpfchen drücken und diese Werte ausstrahlen. Ich schaffe es nicht immer, optimistisch aus der

Klasse zu gehen, ich schaffe es nicht immer, meine Ideale zu verfolgen und diese an die Jugendlichen weiterzugeben. Oft bin ich verzweifelt, ratlos, enttäuscht, genervt, sauer. Und nicht selten den Tränen nahe. Oder dem Wutausbruch. Diese Jugendlichen brauchen Engagement und Chancen, um zu zeigen, was in ihnen steckt. Natürlich habe ich nicht für alles Verständnis und lobe nicht jede Selbstverständlichkeit, wie beispielsweise erledigte Hausaufgaben. Aber es ist schon viel erreicht, wenn Schüler es trotz zahlreicher Schwierigkeiten schaffen, jeden Tag in die Schule zu kommen und versuchen, etwas zu erreichen. Auch wenn die Notwendigkeit eines Abschlusses nur von uns eingeschärft und nicht vom Elternhaus mitgegeben wurde. Es lohnt sich, in diese Persönlichkeiten zu investieren, um ihnen Orientierung zu geben und eine Zukunft zu ermöglichen.

Ich habe mich ganz oft gefragt, was bei mir und meinem Bruder anders lief als bei meinen Schülern – ob mit oder ohne Migrationshintergrund. Mittlerweile bin ich der Antwort etwas nähergekommen. Es ist der Bildungswunsch meiner Familie, die Erziehung, Liebe und Konsequenz, die wir nahezu durchgehend erlebt haben. Aber ich muss noch vieles verstehen, vieles lernen. Ich habe ja noch ein paar Jährchen vor mir.

Eines habe ich allerdings jetzt schon verstanden: Ich habe einen sehr dankbaren Job. Keiner der Schüler sagt zwar: »Ey Frau Feynberg, Sie sind die tollste Lehrerin, weil Sie mir zuhören und es schaffen, mir etwas beizubringen.« Dennoch spüre ich die Dankbarkeit, die sich hinter jedem Lächeln, hinter jeder freundlichen Geste der Jugendlichen verbirgt. Mag sein, dass dieses Lächeln erst nach einem langen Kampf kommt, aber es kommt. Schüler sind nicht doof, sie wissen das Engagement und das Interesse, das wir ihnen entgegenbringen, zu schätzen. Weil ihnen oft nur wenige dieses Wohlwollen signalisieren. Ich freue mich fast jeden Morgen auf meine Arbeit. Das kann wahrscheinlich nicht jeder von sich behaupten. Ich freue mich auch jeden Tag, wenn die Schule vorbei ist und ich endlich nach Hause kann. Ich gehe aus der Schule und weiß, dass ich etwas bewegt habe. Jeden Tag. Ich weiß, dass die Schüler es mir danken. Vielleicht nicht heute, vielleicht auch nicht morgen. Aber irgendwann sicher.

Ich lache mit den Schülern, ich fühle mit ihnen, ich nehme sie ernst, ich nehme sie wahr, ich versuche, sie nicht aufzugeben. Ich kann auch ausrasten, wenn sie mich aus der Fassung bringen, schließlich bin ich auch nur ein Mensch mit Gefühlen und Gedanken, der auch gelobt, respektiert und ernstgenommen werden möchte. Jeder Mensch möchte das.

Dank

»Wenn du Liebe hast, spielt es keine Rolle,
ob du Kathedralen baust oder
in der Küche Kartoffeln schälst.«

Dante Alighieri

Mama und Papa, danke für eure Liebe, die unerschöpflich ist. Ihr seid meine Sonne.

Oma Dora, Oma Sina, Opa Tolja, Opa Naum, ihr seid die tollsten Großeltern, die man haben kann. Danke für die Einblicke in meine Herkunft, deren Geschichte ich ohne euch so nicht erzählen könnte. Und für die üppigen Mahlzeiten.

Lieblingsbruder, ohne deine Sprüche wäre ich im Unterricht nur halb so schlagfertig. Zum Glück sind wir verwandt – auch wenn es nicht immer so aussieht. Du bist großartig.

Mischa, danke für deinen grenzenlosen Optimismus und für das Gefühl, dass alles gut wird.

Veronika und Rinata, danke für den Abend meines Lebens. Das war der Beginn.

Vernen, du hast schon immer an meine Texte geglaubt. Und nie damit aufgehört. Danke, danke.

Leo, deine Ratschläge sind unbezahlbar. Ich danke dir für deine Zeit und deine Freundschaft.

Nathalie, mein größter Fan – danke für deine Mühe. Deine Hinweise haben mir den Weg gewiesen und mich ermutigt.

Marina, Helen, Susi, Renée, Bella, Shelly – ich danke euch für eure Freundschaft. Ohne euch wäre das Leben langweilig. Ihr habt mich beraten, mir zugehört, meine Texte gelesen, mit mir gelacht und mit mir diskutiert.

Mrs. Smith, du bist die perfekte Kollegin und meine Beraterin in allen Lebenslagen. Danke dafür.

Vor allem danke ich meinen Schülern. Ohne euch gäbe es das Buch nicht. Dank euch kann ich so viel über mich selbst lernen. Jeden Tag. Ihr seid toll.